心を伝える

保険の地域営業から国際機関の事務局長へ駆け上がったリーダーシップ

OECD保険・私的年金委員会議長
河合 美宏［著］
KAWAI YOSHIHIRO

一般社団法人 金融財政事情研究会

はじめに

筆者は日本で生まれ育ち、教育を受け、29歳まで海外とは縁がなく、リーダーシップの経験もなかった。そんな筆者が海外で生活を始め、スイスのバーゼルで金融規制を策定する国際機関の立上げに参画し、150カ国以上、3万人の会員からなる組織を15年間経営して金融の国際基準を確立してきた。

すべての根幹は人であり、人々がつながることから始まる。どうやって目標を共有した同志が集まるのか、どうやって信頼関係をつくりあげ、議論を重ね、多様性から調和の取れた価値あるもの（国際基準）をつくり出すのか、そして対立した場合はどうやって解を見つけるのか。こうしたことについて、経験をもとに考えてみたい。

第1章、第4章、第5章は主に交渉やコミュニケーション、リーダーシップについて触れ、第3章、第6章、第7章は主に国際機関の確立や統治、国際基準・規制について述べている。そして、第2章では筆者のキャリアの軌跡について述べている。

補章の特別対談では、小宮暁氏との対談はコミュニケーションとリーダーシップ、有泉秀氏とジョナサン・ディクソン（Jonathan Dixon）氏との対談は国際基準・規制が主なテーマである。

それぞれの章や対談は独立した内容になっているので、読者の方の興味や関心にそって、お読みいただけたらありがたい。

これからますます多様性を受け入れ、創造や発展を目指す日本人や、日本の組織への参考になれば、筆者にとって望外の喜びである。

2023年8月

河合　美宏

凡　　例

基礎的資本基準	BCRs（Basic Capital Requirements）
金融セクター評価プログラム	FSAP（Financial Sector Assessment Program）
金融安定監視評議会	FSOC（Financial Stability Oversight Council）
国際通貨基金	IMF（International Monetary Fund）
国際会計基準審議会	IASB（International Accounting Standard Board）
国際保険資本基準	ICS（Insurance Capital Standard）
国際的に活動する保険会社グループ	IAIGs（Internationally Active Insurance Groups）
証券監督者国際機構	IOSCO（International Organization of Securities Commissions）
バーゼル銀行監督委員会	BCBS（Basel Committee on Banking Supervision）
保険監督基準	Insurance supervisory principles
保険監督原則	ICP（Insurance Core Principles）
BIS（Bank for International Settlements）	国際決済銀行
FSB（Financial Stability Board）	金融安定理事会
FSF（Financial Stability Forum）	金融安定化フォーラム（FSBの前身）
G-SIBs（Global Systemically Important Banks）	グローバルなシステム上重要な銀行

G-SIFIs（Global Systemically Important Financial Institutions）	グローバルなシステム上重要な金融機関
G-SIIs（Global Systemically Important Insurers）	グローバルなシステム上重要な保険会社
IAIS（International Association of Insurance Supervisors）	保険監督者国際機構
NAIC（National Association of Insurance Commissioners）	全米保険監督官協会
OECD（Organisation for Economic Cooperation and Development）	経済協力開発機構

目次

第1章　IAIS事務局長選挙で何が起きたか

第2章 チャンスは攻めろ
——保険の地域営業から国際機関までの道のり

第3章　新しい国際機関の誕生

第4章　Unity in Diversity（多様性から生まれる調和）——国際会議での議論の仕方

第5章　顔のみえるリーダーに

第6章　国際機関の確立と統治はいかにして成り立つか

第7章　国際金融基準の謎

補章 特別対談

第1章

IAIS事務局長選挙で何が起きたか

埼玉県で保険の営業をしていた筆者は、国際機関で働くことになり、未知の自分を見つけた。そして、各国の保険規制当局が集い国際基準を確立する専門家集団の事務局長に就任し、トップとして組織を率いることになった。事務局長を決定する選挙では、誰もが筆者の敗北を予想していたにもかかわらず、勝利を掴み取った。この経験を踏まえて、国際機関のトップを決める選挙をはじめ、様々な利害が絡み合う状況で勝利するために不可欠なものを考える。

1987年夏　埼玉県　北浦和

社会人4年目。また暑い夏が始まった。

損害保険会社に入社し、埼玉県に配属されて営業のサポートの仕事を始めて4年。午前9時前に支店がある北浦和駅で降り、太陽が照りつける10分ほどの道のりでも汗が噴き出す。あまりに暑いので、途中の売店で冷たい飲み物を買い、道々飲みながら、やっとのことで会社に到着。オフィスは冷房が効いており、ひんやりと気持ちがよい。

席に着くと、すぐに電話が鳴り始める。キャンペーン期間が始まるので、今日は午後から代理店を集めた決起大会がある。営業サポートの部署にいる我々は、その準備で大忙しだ。会場設営、食事や飲み物の手配、支店長のスピーチ原稿づくり、看板やのぼり旗の作成など、皆で分担して作業をし、会場ができあがったのは決起大会が始まる直前。ほっと一息つく間もなく参加者が到着し始め、我々は用意した飲み物を来場者に笑顔で手渡す……。これが当時の筆者の日常であった。

保険とは皆がお金を出し合い、将来起こり得る損害に備えるためにある。誰かが損害（たとえば、自然災害や事故など）に見舞われたら、集まったお金でその人を助ける。保険会社は色々なリスクや損害を扱う専門家集団であり、リスクを分散するために、場合によっては国内のみならず国際的なネットワークを築いて活動する。大学時代はテニスに明け暮れ、球はうまく打てても学業成績の冴えなかった筆者であるが、「リスクの専門知識を身につけ、世界で社会に貢献したい」との思いで保険会社に入った。しかし、配属されたのは埼玉県の地域営業のサポート。次から次へと業務が降ってきて様々なことを学び、一生懸命仕事に向き合うと、支社の先輩や代理店が熱意に応えてくれて営業成績が伸びる。自分の夢とはかけ離れていたものの、仕事は面白く、毎日が充実していた。とはいえ、やはりいつかは世界に翔んでみたい。そんな気持ちだけは持ち続けていた。

2002年10月 チリ サンティアゴ

時は流れて15年後。チリの首都、サンティアゴの閑静な住宅地の、広大な丘と山を望む一角にあるホテルに筆者はいた。ここは大きなプールもある、素晴らしいリゾートホテルである。この時の筆者は、保険規制に関する国際機関であるＩＡＩＳ（International Association of Insurance Supervisors：保険監督者国際機構）の事務局次長。ＩＡＩＳの会議は、会員である世界中の金融当局（保険規制当局）が公平に参加できるように、世界の様々な地域で開催される。2002年のIAIS年次総会はチリが開催地に選ばれ、同国政府の熱い思いから、首都サンティアゴの選りすぐりのホテルで年次総会が開催され、世界中から保険規制当局の幹部が集まった。

この年の年次総会はIAISにとって特に重要であった。IAISは150カ国の保険規制当局者からなる国際機関である。その国際機関の事務方トップが事務局長であり、初代事務局長を務めたクヌット・ホーフェルド（Knut Hohlfeld）が退任することが、その年の初頭に決まっていた。決定後、すぐに始まった後任の選考プロセスのなかで、多数の候補者のなかから、書類選考で2人が残った。その最終候補者から次期の事務局長を決定する選挙が、サンティアゴでの年次総会期間中に開催されることとなったのである。

年次総会は100カ国以上から約300人の保険規制当局の代表が集まり、IAISの組織の最重要事項を承認する場である。その直前の数日間は様々な会合が開かれ議論が行われるほか、民間の代表との意見交換をする大きな会議も開かれる。その前の準備を含めると、1週間にも及ぶ長丁場である。

この年次総会期間中には、IAISにとって重要度の高い議題を議論・決定する執行委員会も開催される。これは、世界中の地域代表14名（2002年当時）から構成される委員会（企業でいう「取締役会」に相当）で、事務局長の選出も執行委員会の決定事項である。そして、選出結果は会合直後の年次総会で発表される仕組みになっている。この時の選出過程では、効率的に選考を進めるために、執行委員会のメンバー中の5名からなる事務局長選考委員会が2人の最終候補者と面接をし、その結論を執行委員会で議論し、承認することになっていた。

2人の最終候補者

1人の候補者は、執行委員会のメンバーであるアメリカ代表。アメリカの保険規制当局の重鎮であり、リーダーシップ経験も豊富なベテラン。人望が厚く演説に長けており、コミュニケーション力も抜群。非の打ち所のない候補者である。

他方、もう1人の候補は42歳の若さで、金融当局の経験や実績が一切ない。4年前からIAISの事務局次長を務めていたとはいえ、ほんの十数年前まで海外経験どころか、英語もうまく話せなかった。組織のリーダーシップの経験も皆無。貫禄もない。この選挙戦に最後まで残れたのが不思議なぐらいだ。その候補こそ、筆者であった。

そもそも国際機関のトップの選考には、明文化はされていないものの、暗黙の要件がある。国際機関の多くは、同一の職業に従事している世界中の専門家から成り立つ。IAISはその典型的な例で、各国の保険規制当局（日本では金融庁）の代表で構成される国際機関である。組織の根底には、同業者として共有している仲間意識があるため、このような国際機関の事務局長も、同じ仕事をしている加盟国組織の代表のなかから選ばれるのが通例である。また、国際機関のリーダーとなるにはその分野での実績や経験に加え、組織を統率する能力が重視されるため、加盟国の組織でリーダーシップの実績がある代表が選ばれるのが通常である。加えて、保険を取り巻く規制、法律やリスク管理に関する技術的なことを英語で議論し、交渉して合意を見出すことが要求されるため、英語での高度な意思疎通能力も要求される。さらに、国際基準を策定する国際機関では、欧米諸国のメンバーが多く、その影響力も強いため、欧米諸国の規制当局からトップが選出される例が多い。特にアメリカは他国を誘ってＩＡＩＳを創設した国であり、２００２年当時は財源の30％をカバーし、投票数も1カ国で最大の15票を持つなど（保険規制当局が州ごとに存在するため、15の州の保険規制当局が1票ずつを有していた）、組織の決定事項にはアメリカの同意が不可欠であった。

このような背景があるため、金融当局出身でなく、リーダーシップの経験もなく、英語も流暢でない日本人の筆者が、非の打ち所がないアメリカ人候補に敵うはずはない。客観的に考えれば、選挙の結果は戦わずとも明らかであったが、サンティアゴを舞台に5日間にわたる選挙戦が行われた。しかし、筆者自身はどういうわけか、不思議なほど楽観的で、自分が選ばれるのだと思っていた。後に振り返ると、この5日間は、筆者の人生にとって、何年にも匹敵する重みがあるような濃密な時間であった。

不完全燃焼だった選考委員会の面接

アメリカ人の候補者と筆者は、会議の初日にホテルの会議室で1人ずつ、選考委員会の面接を受けた。8人ほどが座るのがやっとの、小さくて薄暗い会議室だった。

筆者を取り囲む5人の選考委員が、次々と質問を投げかける。「なぜ事務局長になりたいのか」「事務局長として何をしたいのか」など、必ず聞かれると思っていたことを問われ、答えた。しかし、どうも皆の心に届いている感じがしない。選考委員たちは無表情で黙って聞いている。十分に準備をして臨んだつもりだったが、緊張していたためか、のびのびとした受け答えができない。最後に、「事務局長になれなかったらどうする?」と聞かれたので、「今は事務局長になることしか考えていない」と答えて1時間ほどの面接を終え、その場を去った。自分の気持ちを十分伝えきれなかった不完全燃焼な面接で、不安な気持ちだけが残った。

執行委員会前夜——1人で戦う選挙戦

次の日からIAISの様々な会議が始まった。これらの会議は執行委員会で重要な審議をする前段階の部会であり、候補者であるだけでなく、事務局員でもある筆者にとっては、それらを切り盛りするのも大切な本来任務である。朝から晩まで会議運営をこなし、あっという間に1日がすぎる。選考委員会はこの最中もホテルの1室にこもって選考の議論をしているらしい。

IAIS全体の会議は年に数回しか開かれないため、各国代表と対面で会える機会は限られている。自分が最終面接まで到達した候補者であることを知った後、チリでの年次総会までの間にその機会はなかったため、事前の選挙活動は何もできなかった。これが所属する保険規制当局出身の候補者であれば、黙っていても同僚が選挙の投票権を持つ執行委員会のメンバーに接触し、支援を要請してくれる。筆者は前述の通り、日本の保険規制当局の出身ではなく、事務局での経験しかなかったので、自分1人で選挙活動をするしかなかった。このため、チリで執行委員会のメンバーと個別に会い、支援してくれるように依頼することとした。事務局員として執行委員会のメンバーを知っており、この点ではもう1人の候補と対等であった。

執行委員会のメンバーは約1週間の年次総会期間の初日、あるいは2日目にチリに到着した。

様々な会議が開かれている最中で、時間も限られていたため、委員には短時間の面談を依頼し、できる限り1対1で対話をした。そして、「事務局次長としてIAISをつくりあげ、支えてきた自分が事務局長となり、基準づくりと新興国支援を柱に、今の組織をさらに発展させたい」と訴えた。しかし、大抵は「大丈夫だ」「深刻になるな」等のあたりさわりのない受け答えで、話を聞いてくれず、筆者は不安になった。

果たして、本当に筆者を支持してくれるのだろうか。

南アフリカの代表を待つ

選挙を翌日に控え、全体の会議日程の2日目が終わろうとする夕刻、面談を受けてくれた執行委員会のメンバーとは、ほぼ全員に話ができた。そんな時に、内密に情報が入った。選考委員会の議論が終わり、5人中3名がアメリカの代表を推し、2名が筆者を推し、意見がまとまらなかったとのこと。執行委員会の議長を兼任している選考委員会の議長が、その議論と結果を、翌日に開催される執行委員会にあげて議論することとなったという。

しかし、翌日の執行委員会の会議に出席する予定の南アフリカの執行委員会メンバーがまだ到着していない。話を聞いてくれるかもしれない人物なのだが、ホテルの受付で彼がチェックインする時刻を聞いたら、夜11時だという。翌朝に選挙があるので、話すタイミングは今晩しかない。夜10時頃からロビーで彼を待つことにした。夜中の12時になっても来ない。飛行機が遅れているのだろうか、と思案する。人影がないロビーの外にある階段を登ったり降りたりしてただひたすら待つ。

午前2時15分頃だろうか、彼がやっとホテルに現れた。どうしても話をしたいというと、それならこれから部屋へ来いという。長旅を終えた深夜にもかかわらず、彼は真剣に話を聞いてくれた。話を終え、彼の部屋を出た時はもう午前3時近くになっていた。

決着のつかない3日間

会議日程の3日目に、事務局長選考のための執行委員会の特別セッションが開催された。特別セッションは執行委員会メンバーのみに参加が許される会議であり、その内容はＩＡＩＳの他のメンバーにも、事務局（通常の執行委員会の会合には事務局も同席する）にも、候補者にも明かされない。

その会議と並行して他の会議も続く。筆者が事務局員として執行委員会以外の会議運営やサポートをしていると、あっという間に夕刻になった。選考結果はどうなったのだろうか——。気になっていると、事務局長のクヌット・ホーフェルドが声をかけてきてくれた。クヌットは執行委員会のメンバーではないため今回の審議には参加していないが、どこからか情報を入手してきたらしい。今さっき執行委員会の会合が終わり、結論が出なかったとのこと。議論がまとまらず、投票をしたところ7対7でタイ。議論は翌日に持ち越されるとのことであった。

眠れない夜

その晩はクヌットと食事に行ったが、食欲がない。部屋に戻ってベッドに入ってもぐるぐると考えてしまう。この数日間こうした状況が続いており、一睡もしていない。事務局長になれなかったら、ＩＡＩＳに対する情熱を共有する同志とつくりあげてきたこの組織は、新たな事務局長のもとでどうなってしまうのか。ここまで紡いできたＩＡＩＳの形が崩れてしまわないか。自分はどうなるのだろうかと、どんどん不安が募る。夜は深まるが、この日も寝付けない。ぼーっとしてふと気が付くと、いつの間にか自分は灼熱のテニスコートに立っている。学生時代に真夏の京都で試合をした過去の記憶がふいに鮮明によみがえったのだ。

「レッツゴー 京大、レッツゴー 京大！」
「ファイト ファイト 東大、ファイト ファイト 東大！」

耳鳴りのような声援が空から聞こえてくる。蝉時雨《せみしぐれ》のようだ。妙に自分の心は落ち着いていて、無言で試合をしている。まるで無声映画のワンシーンをみているようだ。

チームの全員が、この決戦のために大学生活を賭けている。連日の練習、対抗戦、リーグ戦。1年間で最大の山場であるこの対抗戦は、どうしても負けられない。何としても勝ちたい。しかし相手は高校時代から全国で名を轟かせている名選手。筆者が勝てるわけがなかった。あっさり最初のセットを落とした。セカンドセットも相手のペースで一方的に試合が進む。ポイントが取れない。今まで受けたことがないようなスピンの効いたサービスと、フォアハンドが飛んでくる。球にも触れられず綺麗に決められ相手のエース。一方的な展開で試合になっていない。しかし、開始から時間が経過するにつれ、少しずつだが球を返せるようになった。ともかくひたすら返球していると、次第に相手にもミスが出始めた。1つ、2つとゲームが取れた。流れが少し変わってきた。

はっと我に返ると、ホテルの部屋の窓に朝日が差し込んでいた。

会議日程の4日目、朝から様々な会議が分刻みで続く。会場を準備し、議長と事前に打ち合わせを行い、他の事務局員と手分けして、会議に出席してサポートする。質問が飛んでくる。メンバー間の意見調整や意見の取りまとめ、決定事項の確認など、やるべきことはたくさんある。時々激しく疲れを感じるものの、休んでいる暇はない。その間も執行委員会では事務局長選出の議論が続いているらしいが、どうなったか全くわからない。

突然の呼び出し

会議日程の5日目を迎えた。その翌日の6日目に世界中の保険規制当局者と民間代表などが参加する年次コンファレンス、7日目に年次総会が開催される。年次総会に結果を報告するためには、事務局長選出の議論はこの5日目までに決着をつける必要がある。執行委員会は引き続き、メンバーだけが参加する会議で議論を続けている。

この日の午前も筆者は別の会議の運営をサポートし、終わった後にホテルのレストランで昼食を取っていると、執行委員会の議長が目の前に現れた。議長は、紳士的で物腰は柔らかいが、芯が通って皆の尊敬を集めているメキシコ人だ。「午後の執行委員会でインタビューをするので出席するように」といわれた。「簡単なインタビューだから」と優しく微笑んで、彼は去っていった。

このホテルは会議場だけからなる別棟が客室やロビーがある本棟の横に併設されており、会議場の前は広々として、そこで皆が飲み物や立食で昼食が取れるようになっていた。親しげな団らんがあちこちで広がるその光景を横目に、もうすぐ始まる執行委員会によるインタビューを1人待った。

どんな質問がくるのだろうか――。どう答えたらよいのだろうか――。

心が揺れて定まらない。

Be yourself（自分自身になれ）

その時、執行委員会メンバーの1人が自分の前を通りかかった。彼女は筆者を粘り強く支持してくれていると聞いていたので、「何かアドバイスありますか」（"Could you give me advice for the interview?"）と尋ねた。彼女は筆者の心配している様子を感じ取ったのか、じっとこちらをみて、少し間合いを取り**"Be yourself."**（**自分自身になりなさい**）と一言だけ告げ、微笑んでその場を去った。この間、ほんの数十秒。不思議な時間だった。この一言で気持ちが変わった。不安や恐怖が心から消えた。

Be myself.（自分自身になれ）

そうだ。自分の思っていることを素直に伝えればよい。そう確信した。

執行委員会での面接は針のむしろ

目の前の会議場の扉が開き、執行委員会の議長が出てきて中へ案内された。

会議場は、軽く100人は収容できる大きな部屋である。しかし、照明は薄暗く、室内は静まり返っている。その大きな部屋の中央にコの字型にテーブルが並び、正面と左右に執行委員会メンバーの14名が座り、コの字に囲まれる形で椅子が1つポツンと置かれていた。その席につく。

議長は筆者の正面のテーブルに座り、他の執行委員会のメンバーがその左右に座っている。筆者の座った席から執行委員会メンバーの並ぶ席までは距離がある。薄暗いこともあって、皆の顔がよくみえない。筆者の座った席だけがライトアップされていて、周りからは自分だけが浮き上がっているようだ。針のむしろに座らされたような気分になっていると、議長からインタビューを始める旨の挨拶があり、彼からいくつか質問を受けた。その後、何人かの執行委員会のメンバーから次々と質問が続いた。予想していたもの、全く想定外だったものも含めて、ＩＡＩＳのあるべき姿、組織の方向性や運営など、様々な質問が飛んでくる。しかし、筆者は不思議なぐらい落ち着いていた。最初の面接とは違い、活き活きと話ができ、受け答えが楽しいと思える余裕すらあった。インタビューが終わり、議長が会議室の外まで付き添ってくれ、扉を開けると、そこには明るい太陽の光が輝いていた。

目の前に、アメリカ人の対立候補がノートに目をやりながら待っていた。議長に案内されて、筆者と入れ違いに彼が薄暗い会議場へと入っていった。

敗戦を確信

インタビューが終わった後は、誰とも会話をしたくなかった。会議室のある別棟から客室の集まる本棟へ向かって歩き、本棟の横の広々としたプールサイドで、人影がまばらなところにあるリクライニングチェアを見つけて横になった。夕暮れが近く、綺麗な空がみえる。やることはこれですべて終わった、という思いとともに、インタビューでの受け答えが鮮明に思い出される。「ああ答えればよかった」「こういうべきだった」との後悔がいくつも頭をよぎるが、仕様がない。もう終わったのである。

プールサイドにいたイギリス人の知人が話しかけてきた。たわいのない話をしていると、アメリカ人の対立候補が、プール近くのホテルのバーにやってきたのがみえた。イギリス人の知人との会話を終えバーに行き、一緒に飲もうと対立候補を誘った。スポーツの試合を終えた後に対戦相手と打ち解けた話をする感覚で、お互い気さくに話ができた。

インタビューの話になり、「あんなひどいインタビューの設営はない。薄暗い部屋の真ん中にポツンと座らされ、自分のテーブルもなければ、飲み水も置いていない。議員に詰められるアメリカ議会の公聴会の方がはるかにましだ」と彼は息巻いた。全く同感だ。打ち解けて2杯目のビールを頼もうとしている時に、執行委員会メンバーの南アフリカ代表がそのバーに現れた。彼は、これは好都合だという顔で、「よかった。ついてこい」と我々2人にいう。筆者らは無言で南アフリカ代表の後に続き、先ほどインタビューがあった別棟に向かった。その途中の階段で、執行委員会に参加していたアメリカ代表（筆者の対立候補は執行委員会のメンバーであったが事務局長選考を議論する執行委員会には出席できないため、その代理での会議出席）と、我々3人がすれ違った。彼は同郷の候補者に向かって満面の笑みを浮かべ、手を振っている。

「負けた」と、筆者は確信した。そこから会議場までがなんと長かったことか。その場で駆け出して逃げたくなった。

時間が止まる

南アフリカ代表は、先ほどのインタビュー会場に隣接する小さな会議室に我々2人を招き入れた。今度の部屋は明るすぎるほど明るい。そこには執行委員会の議長が立っていて、我々を迎え入れてくれた。会議室の扉が閉められる。

議長が我々2人と向かい合った。南アフリカ代表も議長の横にたたずんでいる。議長が「執行委員会の議論の結果を伝える」と切り出した。絶望的な気持ちになった。顔があげられず消えてしまいたかった。議長は静かにこういった。

「Yoshi（筆者）が事務局長に選ばれた」（"Yoshi is selected as Secretary General."）

時間が止まったような気がした。現実感が戻ると、議長、南アフリカ代表、アメリカの候補と握手をし、お礼をいってその場を去った。

あの時と同じだった。全国で名を轟かす、勝てるわけがない京都大学の名選手に競り勝ったあの瞬間も時間が止まった。時間が本当に止まってこのまま一生が終わってもいい、そんな不思議な気持ちだった。

会議日程の6日目、世界中の保険規制当局と民間代表など数百人の参加者が集まった大きな年次コンファレンスが開催され、翌日の7日目は年次総会の開催である。年次総会で、議長が次期事務局長に筆者が選出されたことを発表。筆者が今後の抱負を語って、7日間に及ぶ会議の全日程が終了した。

もし自分が選挙で敗れていたらどうだったであろうか。会議日程の6日目、7日目は気落ちして出席できなかっただろう。しかしながら、対戦相手はアメリカ代表として何事もなかったように淡々と会議に参加していた。彼のメンタルの強さには感心した。

なぜ勝てたのか

前述した通り、この選挙は客観的にみれば、筆者にとって極めて不利なものであった。それにもかかわらず、大方の予想を覆して、勝利を掴み取った。

絶対勝てないはずの国際機関の事務局長選挙になぜ勝てたのか。振り返って分析するといくつかのポイントがある。そしてそれらのポイントは、国際機関の事務局長選挙という特別な場面だけではなく、多様なメンバーからなる組織をリードしたり、自分が実現したいことに周囲を巻き込んでサポートを得たりする際にも当てはまる重要な要素である。

① 自信を持つ

筆者は、**対立相手が有利であることを認めつつも、自分が事務局長になることがＩＡＩＳにとって最適であると確信していた。**そして**執行委員会メンバーはそれを理解し、筆者を選出してくれると信じていた。**この自分自身の気持ちが原動力である。"Be yourself."（自分自身になれ）といわれて、一瞬で心の揺れが止まったのも、自分の心の底に確信を持つ自分がいて、自分自身を無心に、そのまま正直に出せばそれでよい、と信じていたからであろう。だから大胆な行動が取れた。たとえば、①強敵が相手でも全く怯まず、選挙に出馬した、②各国の保険当局のトップに対し、気後れせずに一人ひとりに会って支援を依頼した、③会うためには夜中の2時まで待って面談をした、④睡眠時間が削られ、疲労困憊のなかでも最も重要な執行委員会のインタビューで活き活きと自分を表現できた。

では、慎重で自信家でもない筆者がなぜそんなに自信を持てたのだろうか。どこからその自信が生まれたのだろうか。以下の2点が思い当たる。

i　どうしてもやりたいこと（夢）を見つけ、育む

どうしてもやりたいこと、実現したいことをＩＡＩＳで働くうちにはっきりイメージすることができた。ＩＡＩＳを通じて様々な国の代表と協力し、世界にとって有益な国際ルールをつくり、保険市場の発展に貢献するのは自分にとって憧れであり、夢であり、自分自身の価値となった。そのため、ＩＡＩＳは職場というよりは、同志と協力し、自分自身の価値を実現する場であった。**この組織をリードし発展させることはまさに自分の天職であることを確信しており、事務局長への情熱が誰よりも強かった**と思う。そして、その熱意が選考委員にも伝わったのだと考える。

ＩＡＩＳ事務局長選挙に至るまで、筆者は保険規制当局間の国際協調の場に、ＯＥＣＤ（経済

協力開発機構）職員として4年、ポーランド政府のアドバイザーとして3年、そしてIAIS事務局次長として4年と、計10年以上携わってきていた。国際保険規制の議論の場に身を置くことにより、国際保険規制の専門知識や仕組みに精通し、ネットワークが広がり、関心も高まった。**国際的な基準をつくってみたいという夢が生まれ、その夢が次第に具体的な形となってきた。**

特にIAIS事務局次長という地位は、IAIS業務を執行する部隊で、事務局長を直に支える業務である。事務局長が組織の顔として内外でIAISを代表し、運営するのを裏方でサポートする役割だ。目立たないが、IAIS運営全体が把握できるポジションである。組織の立上げから事務局長選挙までの4年間、ただひたすらIAISの仕事に打ち込んだ。そうすると金融規制や国際協調とは何か、どうやったら国際基準ができるかがはっきりみえてくる。同志の輪が広がり、自分がそのなかで大事な役を演じるようになる。そして、組織のリーダーとして率先して国際ルールをつくっていきたいと夢がさらに膨らむ。それが自信につながった。

ii　心の拠り所（Secure Base）を持つ

自分が好きなことを見つけ、それに打ち込んで続けていくと、自分の目標や夢がはっきりみえてくる。その時に、**自分の可能性を信じ、その実現に向けて自分を信頼し、励まし、サポートしてくれる人がいると、ありのままの自分を自身で肯定でき、何ら気後れすることなく前に進め**

る。夢や目標は1人では実現できない。自分を守り、支援してくれる人、自分を客観的にみてアドバイスしてくれる人が夢の実現を支えてくれる。そのような人に気軽に接触できると特によい。筆者にとっては前出のクヌット・ホーフェルドが心の拠り所であった。クヌットは筆者の上司（IAIS事務局長）であり、相談相手であり、筆者の可能性を信じて励ましてくれた。

国際機関の事務局長選挙に出馬する自分など、その数年前まで全く想像がつかなかった。ただIAISで自分の好きなことを見つけ、打ち込み続けた。クヌットに出会ったことにより、自分の知らなかった自分が現れ、自信が持て、信じられないことが起こったのだ。

こうした選挙は究極の国際交渉である。ではこのような交渉に勝つためには具体的に何をすべきなのだろうか。

② ルールを理解し、行動する

国際機関の決めごとはほとんどの場合、コンセンサスで決まる。コンセンサスと全会一致は違う。**コンセンサスは議論したうえでまとめた結論であり、その結論と違う意見の者がいたとしても、その結論に反対まではしないこと**を指す。国際機関は多くの場合、まずコンセンサスを目指す。そしてどうしてもコンセンサスで合意できない場合は多数決で決めることが多い。国際機関によってはコンセンサスで決めることを規約に明記している場合もあり、その場合は多数決をせず、コンセンサスに至るまで議論を続ける。議長や事務局長人事で意見がまとまらない時に取られる手段は、2人の候補で任期を二分して半期ずつ務めたり、共同議長などのように、共同でその地位に就いたりするような例がある。

IAISの場合は、規約によって、事務局長の選任は執行委員会の多数決で決まることが明記されているので、意見がまとまらなかったら多数決で決めることとなる。

すなわちIAIS事務局長選挙に勝つためには、執行委員会の14名（当時）のメンバーのうち8票以上を取る必要があり、執行委員会メンバー一人ひとりに対して支持をしてもらえるための対策を考える。多くの場合は、候補者の所属する組織（保険規制当局）が選挙を支援してくれるので、この対策は所属組織と共同で行う。しかし筆者の場合は事務局出身のため、自分で売り込むしかなかった。執行委員会のメンバー一人ひとりの関心や、事務局・事務局長に期待することを考え、準備をし、個別に面談をした。

その候補者に対して支持する者としない者は、最終的な投票時には白黒はっきりするが、多くの場合、どちらを支持するかをはっきり決めていない。あるいは決めていても、それほど強い意見を持っていない場合が多い。ここで重要なのは、支持者については、自分に対する支持を投票が確実なものになるまで強固なものにし、支持しない者についても、自分のよさを理解してもらうこと。すなわち、**各人とじっくり話し、自分の事務局長としての適格性をできる限りすべての**

メンバーに理解してもらうことが肝要である。それと同時に、執行委員会のメンバーに影響力がある人を知っている場合はその人とも話をし、自分をサポートしてくれるよう依頼することも有効な手段となり得る。

③　アンカーとなる支援者をつくる

さらに、**どんなことがあっても意見を変えない強力な支援者を持つことが重要である。**チームを組んで綱引きをする場合、一番後ろで自分の体に綱を巻きつけ、体をはってチームの勝利を目指す核となる人物が絶対に必要であるが、選挙もこれと同じで、そうした支援者が選挙では中心的な役割を果たす。この選挙では"Be yourself."と励ましてくれた執行委員会のメンバーのように、筆者を強くサポートする支援者がおり、その人の存在が強力な後ろ盾となった。

④　相手を知る

相手を知ることは選挙対策の必須である。この選挙の対立候補は、ＩＡＩＳに対して影響力の大きいアメリカの保険規制当局を代表する人物。アメリカでのリーダーシップ経験やコミュニケーション力は文句のつけようもない。ＩＡＩＳ執行委員会のメンバーであるため、執行委員会のメンバーへのネットワークもある。このような強力な候補であったが弱点もあった。事務局での経験がある筆者と比べると、ＩＡＩＳの実務への関与が薄かったことだ。また、執行委員会のメンバーのなかには、地理的バランスを考えて、アメリカの候補者を必ずしもサポートしない国もある。さらに、アメリカは超大国であるために、新興国の代表とのつながりが比較的薄い。このように客観的に分析をすると、選挙の戦い方がみえてくる。

⑤ 準備と練習

もし筆者がこの事務局長戦に準備や練習をせずに臨んでいたら、まず確実に対立候補が事務局長に選ばれていた。実際には、筆者は候補者に選ばれた時から、自分が事務局長として実現したいことやその方法、決意や意気込みを言語化し、それを何度も練り直し、自分の気持ちが簡潔かつ純粋に伝わる原稿をつくりあげていた。さらに、質問を想定し、その答えを準備しておいた。

何を伝えるかの準備ができたら、どう伝えるかの準備と練習をした。たとえば、声の抑揚、強さ、動作、表情や間合い等まで意識して、何度も繰り返して練習した。1人で練習するだけではなく、知人や配偶者に依頼して、ロールプレイもした。フィードバックをもらい、ロールプレイをひたすら繰り返すと、最初は固くぎこちない話が徐々に練れてきて、自然と言葉が出てくるようになり自信が湧いてくる。**これは演劇において、まず舞台の台本をつくり、それをもとに稽古を積むのと似ている。**台本だけうまく書いても舞台にならない。**練習を繰り返し、自分が自然と**

表現できるまで練習してはじめて相手に伝わる。この準備のおかげで、執行委員会での最終面接では自分を素直に、活き活きと表現できたのだと思う。

⑥　心を伝える

選挙の後、執行委員会のメンバーから、「相手の発言は滑らかだったが、Yoshi（筆者）の発言の方が心に響いた」とのコメントがあった。面接で最重要視される資質がもし言葉による意思疎通力だけであったなら、筆者はアメリカ代表の対立候補に到底敵わなかったであろう。

面接や話し合い、議論等で特に重要なのが、言葉を伝えるのではなく、心を伝えることである。心を伝えれば相手に響き、共感が生まれる。言葉を伝えるだけでは、相手の心まで届かない。心を伝えるためには、気持ちを込めて、熱を込めて活き活きと伝えることだ。自分の考えや気持ちに忠実に行動し、素直に自分自身を伝えること。そうすれば言葉がエネルギーを帯び、言霊となって相手の心に届き、信じられないことが起こる。

国際舞台で活動するためには英語力が必要といわれる。しかし本当に必要なのは流暢に英語を話す語学力ではなく、シンプルな表現でもよいから、それに気持ちを込めて心を伝える力なのである。

第 2 章

チャンスは攻めろ
――保険の地域営業から国際機関までの道のり

日本の保険会社に勤務する一介のサラリーマンであった筆者が、世界中で活用される基準を策定する国際機関のリーダーに。一見、その2つは途方もなくかけ離れているようにみえる。しかし、それらは実際に筆者が経験したことだ。一体、どのようにして「世界へ翔びたい」という夢を実現させることができたのだろうか。それまでの道のりをみてみよう。

東京海上　埼玉支店での経験

1983年、筆者が社会人としてはじめて就職した先は、大手損害保険会社。東京海上日動火災保険（当時は東京海上火災保険）の埼玉支店での保険営業だった。7人の先輩に囲まれて仕事をした。それぞれの担当業務はあるものの、支店全体のイベントなどは皆での共同作業となる。仕事は多忙を極めたが、何かあると、兄貴分・姉貴分の先輩たちが面倒をみてくれ、親身になって教えてくれる。しばらくすると業務に慣れ、チームの一員としての自覚も芽生え、「組織に貢献できている」という実感が湧いてくる。さらに、埼玉支店が統括する15あまりの支社の仲間や先輩たちとも親しくなり、ますます仕事が充実したものになった。先輩それぞれから学ぶことがあり、皆がロールモデルだった。

支店で扱う保険商品は、自動車保険や火災保険以外にも、様々な種類がある。商品によっては、保険の料率を自分で決めることができるものもあった。たとえば、高価なお祭りの山車が保管中や祭り中などに破損した場合に、その補修費をカバーする保険の値段を聞かれる。実際の保管状況やお祭りでの使われ方、過去の似た事例を調査したり、社内の専門家に意見を聞くなどして、リスクを自分で分析して値段を決めたりすることは面白いし勉強になった。

また、セールスのサポートでガソリンスタンドでの保険販売促進も担当した。ガソリンスタンドに通い、キャンペーン期間中に保険販売を促進するための作戦会議を開く。やりがいを感じられる業務だった。さらに若手の役割として、クリスマス会や忘年会、新人歓迎会に運動会、課内旅行など、様々なイベントも企画し楽しんだ。

埼玉支店時代は、種々の業務を通じて保険についての理解を深め、社会人としての自覚が生まれた4年間であった。ただ、公私共々楽しく充実した生活で、海外との接点は一切なかったものの、**「世界へ翔びたい」というはるかな夢だけは見続けていた。**振り返れば、幼児（4歳）の時、父親の仕事の関係で2年間モスクワで生活し、地元の幼稚園に通って周りのロシア人に温かく接してもらったことや、仲のよい従兄弟たちが海外で生活していたことが、そのような夢を持ち続けるきっかけになったのかもしれない。

労働省への出向で政策策定の醍醐味を知る

支店での4年間がすぎ、人事異動で官庁に出向することになった。次の職場は、労働省の職業安定局雇用政策課。ここでの業務も海外との接点は皆無であったが、**この2年間の経験がなかっ**

たら、筆者は国際機関に勤めることはなかったといえる。

労働省での仕事には、様々な驚きが待っていた。筆者が配属されたのは、円高不況で悪影響を受けた製造業の雇用を維持しつつ、産業転換を後押しする法案をつくる部署。埼玉支店の保険営業というミクロの仕事から、我が国の雇用安定のための法案策定というマクロの仕事へぶっ飛んだ。

霞が関独特の業務も経験した。法案の文言を数式のように分析し、何時間も議論するといった、信じられない「詰め」。大蔵省（現在の財務省）での予算取りのため、何カ月もかけて延々と準備し折衝する「大蔵説明」。国会での議論に向けた徹夜の準備。ひたすら忙しかったが、すべてが新鮮だった。皆が国の大切な政策に関わっているという自負とプライドを持って仕事をしている。この自負やプライドがあるからこそ、皆がこんな激務に前向きに取り組んでいるのだ。そんな上司や仲間に囲まれて、その一員として仕事をしていると、自分のなかでもその自負やプライドが芽生えた。

また、労働省で女性が活躍している様子にも強烈な印象を受けた。筆者は、中学・高校は男子校。大学では体育会所属で、これも男の世界。勤め始めた東京海上でようやく女性と共に仕事をすることになった。しかし、そこで働く女性は皆優秀であったものの、男性社員のサポート業務をする場合がほとんどだった。労働省では優秀なキャリア女性官僚が、男性と対等に、責任ある仕事に取り組んでいる。今までと別世界の女性像がみえた。しなやかでありながら芯が通っている、弁が立ちチャーミング、切れ味鋭いが思いやりがある、おっとりしているが粘り腰で議論に負けない。色々なタイプの女性が輝いていた。**政策策定の醍醐味と、責任を持って働く女性の輝き。労働省勤務で得たこの経験は、何ものにも代え難い貴重なものだった。**

ロンドン・パリ出張での出会い

労働省での2年の任期が終了する1カ月前、1989年春に、ロンドン経由でパリのOECD（経済協力開発機構）に出張する機会があった。当時、国際労働課長だった松原亘子さん（後の労働事務次官、駐イタリア大使）に随行してサポートする役割での出張である。出向元の東京海上が配慮して費用を負担してくれたおかげで参加が叶ったものだった。**この出張が筆者のその後の人生を変える。**

出張が決まり、心躍りながらその準備をしている時であった。昼食後、日比谷公園でのんびりとベンチに座ってぼーっとしていると、目の前に大学の先輩が通りかかった。当時、マッキンゼーでコンサルタントをしていた川本裕子さん（現・人事院総裁）である。今度ロンドン経由で出張に行くと話すと、「ロンドンに友人がいるから会ったらいいわ。楽しいわよ」とのことだった。その後、川本さんの友人の日本人女性に連絡を取り、ロンドンに到着した翌日、週末で空き時間があったので会った。この人は川本さんの高校の同級生だった。ハーバード大学を卒業し、ヨーロッパの有名なビジネススクールであるフランスのインシアード（ＩＮＳＥＡＤ）でＭＢＡを取った後、ロンドンの銀行でファンドマネジャーをしていた。華々しい経歴からバリバリのキャリアウーマンを想像していたが、会ってみると、イメージとは違っていた。一見それらしく振る舞っていたが、実はかなり抜けていて、「バッキンガム宮殿に案内する」というのでついていくと道に迷ってしまい、人に尋ねたら、なんと我々は宮殿の門の前に立っていた、ということもあった。初対面でも自然体で話せる人だった。自分は世界へ翔べずにぐずぐずしているのに、この人は自由にのびのびと翔んでいる。労働省の女性像と重なり、眩しかった。

このロンドンでの週末後、パリに行き、生まれてはじめて国際会議に出席した。パリの16区の閑静な住宅地のなかに立つ城（Chateau de la Muette）がＯＥＣＤの本拠地であり、その敷地内の建物のなかに会議場はあった。大きな正方形の形に机が並べられ、その周りに50名ほどの各国の代表が座る。それぞれの席に、フランス語で国名が記された黒塗りのネームプレートが置かれている。自分は日本代表の席の真後ろに座らせてもらった。議長は英語とフランス語を駆使しながら、会議を進めていく。会議中の昼休みに訪れたＯＥＣＤ本部の6階にあるカフェテリアでは、パリの緑豊かな住宅地を眺めながら、ＯＥＣＤの職員や各国政府の代表がコーヒーを楽しみながら政策論議をしている。その風景が、一瞬印象派の絵にみえた。気が付くと自分もその一部になり、皆と一緒に談笑していた。束の間の夢のようなシーンだったが、「世界へ翔びたい」という**漠然とした気持ちが具体的な情景として、心のなかにしっかりと刻まれた瞬間だった。**

結婚そしてフランス留学

この出張後に大きな変化が起こる。ロンドンで出会った日本人女性が、その1カ月後に日本に休暇で戻ってきた。約束してもう一度会い、その場で結婚を申し込んだ。会って2度目でプロポーズとは我ながら大胆だが、自然にそうなった。その数カ月後、１９８９年7月に結婚が決まり、翌年の4月に式をあげることになった。結婚すれば、筆者は彼女が日本に戻ってくるとばかり思っていたが、逆に「あなたがヨーロッパに来たら？」と問われた。ヨーロッパのＯＥＣＤでみた、絵のような光景が浮かび、「翔んでみよう」と決めた。その当時は出向から戻って、公的な課題を解決してきた労働省の仕事とのギャップを痛感しており、また「世界へ翔びたい」という夢からも離れていくという焦燥感もあった。そのため、日本を離れてヨーロッパに移るという決定は、自分では一大決心というより自然な帰結だった。

当時の自分の経歴ではヨーロッパに行っても仕事はないだろうから、「まずヨーロッパで最高のビジネススクールの1つであるフランスのインシアードでMBAを取ろう」と計画を立てた。大学では不勉強な学生、そこからは6年間の国内一辺倒の業務で、ほとんど英語もできないのだが、嫌いな科目ではなかったし、元来楽天的な性格であるから「何とかなる」と思った。計画を立てたその日から猛烈に勉強を始めた。その時期は、東京海上に戻って配属された公務部で官公庁の営業担当になったばかり。超がつくほど多忙であった。毎日、睡眠時間を最低限にし、仕事の前に1時間、帰宅後に1時間。週末は終日英語などを集中的に学び、ビジネススクールへの入試対策をした。

努力が実り、翌年2月、晴れてインシアードへの入学が決まった。怒鳴られるかと思いながら会社の上司に「ヨーロッパに行く」と話したところ、理解を示し人事部と話してくれ、退職ではなく1年間の無給の休職となった。難題は父親だった。父は日本の伝統的な家の長男として育った人物である。家長として我が家を仕切り、いわゆる男尊女卑の傾向がある。しかも、めっぽう怒りっぽい。結婚後の予定について両親にはずっと黙っていたが、結婚式の1週間前に「結婚してすぐにフランスに行く」と説明した。母親は心配そうな顔をして黙り、父は案の定、怒鳴り出した。数時間怒鳴り続けたが、最後に「ああ驚いた」といって怒鳴るのをやめ、ひとまず了解してくれた。これで親の承諾は得た。

1990年4月に結婚し、会社の皆から「寿退社おめでとう!」との祝福を受け、6月からフランスにわたった。江理子(配偶者)はパリで新しい仕事を始め、筆者はインシアードの入学準備を始めた。そこで大変なことがわかった。入学が決まっていると思いきや、フランス語の新聞記事を読み、それについてフランス語で質疑応答をするという口頭試験に合格しないと、入学が許されないことが判明した。新婚生活どころではなかった。一言も話せないフランス語をあらゆる時間をあてて必死で勉強した。しかし、2カ月後のフランス語試験は見事に不合格。途方に暮れたが、頼み込んで1カ月後に追試を受けさせてもらい、何とかギリギリで合格した。

9月から授業が始まった。合格にほっとしたのも束の間、大変な日々が待っていた。会計、経済、国際政治、ファイナンス等すべての科目を、ほぼゼロから、英語あるいはフランス語で学んだ。その他の専門科目も含め、好成績を取れないと卒業できない。毎日分厚いファイルを渡され、翌日の授業までに読み、授業で発言することが求められる。大学時代に勉強していなかったツケがここでも来た。ビジネススクールでは2年間のコースが主流のなか、インシアードは1年間で集中的に勉強しMBA取得をするカリキュラムだった。千本ノックを受けて倒れているのに、水をぶっかけられて起こされ、ふらふらになってまたノックを受けているようだった。

外国語の壁は分厚かった。オーストラリア人の先生の授業は英語だったが、発音が特殊で、何をいっているのかわからなかった。フランス語での専門科目の授業は、科目の内容以前にそもそも言葉が聞き取れなかった。「ヨーロッパで生活する」と意気揚々とインシアードに来たが、卒業できなかったら恥ずかしくて誰にも顔向けできない。誰も雇ってくれないだろう。配偶者はさすがに口に出していわなかったが、「あなた、思ったより頭が弱いのね」という顔をした。ひしひしとプレッシャーを感じながら、ひたすら勉強した。この大変だった時期の記憶は強く、卒業後もしばらく夢に出てきてうなされた。

インシアードのキャンパスは、パリから車で1時間弱のフォンテーヌブローの森のなかにある。毎日綺麗な森のなかを抜けてキャンパスまで通うのだが、そんな景色を気にかけている余裕も時間もなかった。この恵まれた環境のなかで学べる喜びをはじめて実感できたのは、卒業が決まった翌年の春だ。その頃になると、やっと英語の授業にも慣れ、成績も上がり、クラスのグループ学習でも楽しめるようになった。クラスでも積極的に発言し、当時は「日本に学ぼう」という機運があったためか、自分の日本での経験を発言すると皆の注目を集めた。

ちょうどその時に、「パリに本部があるOECDに出向者のポストがあるのでそこで勤務しないか」という申し出が、東京海上からあった。ほぼ辞めたとみなされた休職扱いでヨーロッパに来ていたが、OECDで働くチャンスを用意してくれた会社に感謝した。**憧れていた情景が現実となり、自分がそのなかにいた。**

1991年6月。卒業式の日は、森の緑が心に染み渡るほど鮮やかに光っていた。

憧れのOECDへ

夢にみたOECDで、1991年8月から働き始めた。細かい指示が何もないまま、保険の国際統計を任された。保険統計、保険規制について全くの素人であるにもかかわらず、国際会議(OECD保険委員会)での議論の前提となる統計を作成し、そこから何がいえるのかについての分析報告を書くのが業務として与えられた。

戸惑うが、日本のように教えてくれる先輩はいない。個室だったので、気軽に聞ける同僚が周りにいるわけでもない。8月は、ヨーロッパでは「夏のバカンス」という神聖不可侵な休暇期間である。オフィスにはほとんど人影がなく、静まり返っている。悶々と1人で悩み試行錯誤をしながら作業をするが、何も進まない。数週間がすぎ上司が休暇から帰ってきたので、不出来な文書をあげる。何度かの上司とのやり取りを経て、ようやくできあがった文書を、今度はOECD保険統計部会の議長に提出して事前打ち合わせをした。議長は当時のフランス保険監督委員会(Commission de contrôle des assurances)のトップである保険規制の素晴らしい大家ジョン・ルイ・ベランド（Jean-Louis Bellando）。その後も様々なところで彼には大変世話になった。彼はフランス代表のため、会議や打ち合わせがすべてフランス語で進む。やっと英語での仕事に慣れてきたというのに、フランス語の悪夢がまた始まる。朝の勤務時間前に、プライベートで家庭教師をつけ必死でフランス語を再び学び始めた。

こんな大変な出だしだったが、時を経るに従って慣れてきた。1年もするとフランスでの友人も増え、悪夢はみなくなり、江理子と生活を楽しむことができるようになった。頻繁に夕食に招待されたり招待したり、夏になるとパリの近郊に城を持つ友人に招待されたり、アルプスの山にある友人の素敵な別荘に招かれたり、フランスの田舎の民宿に毎週末のように泊まったり、すっかりフランスの生活に溶け込んだ。フランスの魅力はパリばかりではない。地域ごとに特徴がある文化や、その文化と調和した山や海の自然の美しさは感動的である。そんな数年を経て、フランスが第二の故郷のように感じるようになった。一方で仕事には慣れ切ってしまい、変化の欠如にやや物足りなさを感じ始めていた。そんな時期、1994年10月に移行経済支援の一環でOECD会議がポーランドの首都ワルシャワで開催されることになった。

ポーランド政府若手幹部のひたむきな情熱

その当時のワルシャワは、まだ１９８９年末のベルリンの壁の崩壊から数年を経たばかりで共産圏時代の面影がかなり残る都市であった。街の真中の広々とした空間に共産圏時代から残る巨大で装飾もされていない建物がドーンとそびえ立っている。10月だが日が暮れるのがとても早く、夜は暗く深々と冷える。大都市だが、旧市街の限られた場所を除くとレストランがあまりない。味気なく簡素な街並みで、パリとは大違いだ。

旧体制時代からあるホテルの質素な会議室が会場だった。その会議は、普段のＯＥＣＤ会議とは全く違う展開になり、**筆者のその後の決断に影響を与えることとなった。**

まず、出席者の層が異なる。ＯＥＣＤの会議はベテランの規制当局者が出席するのに対し、ポーランド側の参加者は皆20代後半と若いことがまず目を引いた。しかもそうした参加者のうち、保険規制当局の責任者（局長、次長、課長）は全員聡明な光る女性たちだ。ポーランド側の代表がＯＥＣＤ諸国を代表する老練な専門家に様々な質問を投げかける形で議論が進んだ。質問は、ＯＥＣＤ諸国間では既に常識とされ議論にあがらないが、保険制度の根本に関するものが多く（たとえば、自動車保険には自賠責のように加入が義務付けられる保険とその上乗せの任意加入があるが、どうやってその違いを決めるのかなど）、我々質問を受ける側も考えさせられることが多かった。

何よりも印象的だったのは、**共産党時代から解放されたポーランド政府代表者が制度構築に向けて一から学ぼうとする、若々しく活き活きとした情熱を持っていて、全体が明るさに包まれた会議だったこと**だ。普段のＯＥＣＤ会議は、その時々の経済や市場の動きに関する政策課題やその対処方法について、意見交換をすることが議論の中心である。お互い学べる貴重な機会であるのだが、議論は概して理路整然と進む。そのような会議に慣れた我々には、情熱にドライブされたこの会議は新鮮で、感動した。

その出張時に、１つの縁があった。日本の大蔵省（現在の財務省）からポーランド財務大臣顧問として出向されていた本間勝さんだ。本間さんはポーランド財務省の前はハンガリー日本大使館に参事官・経済班長として勤務し、その後はＥＢＲＤ（欧州復興開発銀行）に移って中央アジア局長を長く務め、その後初代の東京事務所長をされた、日本人きっての東欧・ロシアの専門家である。本間さんにお会いして、ポーランド政府のひたむきな情熱に心を動かされた話をすると、本間さんが思いがけない言葉を口にした。

「河合さん、ポーランドに来て仕事をしませんか？」

本間さん曰く、ポーランド政府はＯＥＣＤ加盟のために保険分野の専門家を必要としているので、ポーランド政府から日本政府・ＪＩＣＡに依頼すれば承認されるのではないかということだった。

ワルシャワへ翔ぶ

学生時代に打ち込んだテニスでの学びの1つは、「**チャンスは攻めろ**」。慎重で、小柄で力もなく、取り柄は持久力のみの筆者はもともと、ベースラインでひたすら球をつなぎ、相手がへたばるのを待つテニスをしていた。しかしこれでは勝てない。チャンスボールが来たら、果敢にネットに出て勝負をかけることを体得して、勝てるようになった。

本間さんの話を聞いて「チャンスボールが来た」と思った。若い情熱を持つポーランド人と一緒に国の政策づくりに関われる、またとない機会だ。フランスの生活は楽しかったが、仕事は新鮮味がなくなっていた。ＯＥＣＤではポストの空きもなく、新たな展望は期待できなかった。出向元の東京海上に戻ることが自然な流れではあるのだが、そこに再適応できるとは思えなかった。

ワルシャワに移るとしたら、最大の課題はパリが大好きでそこで仕事をし、フランスに友人も多い江理子の理解をどう得るかだった。そこで、ポーランドでの仕事がほぼ決まった1995年8月、ポーランドが最も美しい季節に夫婦で夏休みを取って現地を数日間旅行した。滞在したのは、ポーランドの伝統を凝縮したような、優雅で荘厳なブリストルホテル（大奮発した）。ポーランド大統領官邸の隣で、ワルシャワ旧市街まですぐの理想的な立地にあるホテルの窓からは、鮮やかな街路樹の緑から木漏れ日が入り、しっとりとした旧市街を朝晩散歩した。日中でも街は夏の太陽が輝くが、パリほど暑くない。「ワルシャワも悪くないわ」ということになり、何とか江理子の了解を取り付けた。それから3カ月後の1995年11月に、ワルシャワ空港に2人で降り立ち、ポーランド生活が始まった。そして、江理子も運よく国営企業民営化ファンドでダイナミックな仕事を始めることができた。

ワルシャワの晩秋は寒かった。午後4時にはもう暗くなる。ポーランド財務省顧問として財務省の1室にオフィスが用意されていたが、暖房が効かず息をはくと真っ白になる。特に赴任した年の冬は寒さが厳しく、最高気温が0度以上にならない日が100日以上続いた。そのためか、その冬は風邪を引きっぱなしで、熱を出しては何度も寝込んだ。オフィスには、古めかしい机の上に昭和の中頃に日本にあったような電話が1つポツンと置かれていた。日本に電話しようとしたが、つながらない。誰かに助けを求めたくても、誰も周りにいない。廊下を歩いてやっとのことで人を見つけ、暖房のつけ方を聞いたが、英語が通じない。何人かに聞いたが、皆ポーランド語で答える。ここはポーランド。ポーランド語を話さなければ生きていけない。やっとフランス語で生活するのに慣れたところだが、やるしかない。江理子と毎朝、職場に行く前にポーランド語を学び始めた。

さらに頭を痛めたのが治安の悪さだ。当時、日本人家族が150世帯ほどワルシャワで生活していたが、毎月のように数軒の家で強盗事件が報告される。話を聞くと、強盗が家の門を破って入ってくるのが窓からみえたので、慌てて警察に電話すると留守番電話の録音が聞こえるという。皆が民間の警備会社との間で契約を結び始めた。さらに共産党主義時代の名残のせいか、サービスが悪い。電話を引くのも、銀行口座を開くのも1日近く窓口で待たされ、2、3日それを繰り返さないと埒が明かない。

最初の冬は苦労の連続だった。それが翌年の5月頃になると一変する。5月初旬の1週間で寒さが突然和らぎ、味気なく殺風景だった街が森のなかのように豊かな新緑に包まれ、今まで厚いコートに身を包んでいた人たちが突如、半袖姿になる。気分も一変する。暗く晴れない気持ちが、ウキウキと明るくなる。街の中心にあるワジェンキ公園では、バラなどの花々に囲まれながら、ショパンのピアノコンサートが毎週末に開かれる。旧市街の中心部では屋外のテラスでワインやビールが供され、食事をしながら談笑が始まる。ワルシャワは慣れてくると住み心地がよかった。「住めば都」である。

仕事は、ポーランド政府へ保険制度改革について助言をする業務であった。ポーランド保険監督当局と相談し、課題を決めて、アドバイスをする。上司がいるわけではなく、自主性に任されていたので、のびのびと仕事ができた。ポーランドの保険制度の改革推進のためには、まず、①**確固たる規制当局の体制をつくること**、②**ポーランド政府と他国との協力体制を構築すること**が肝要であると判断して、その2点に的を絞ってアドバイスと支援をすることとした。

ポーランド政府の当時の保険監督当局は、財務省保険部であった。一方、ポーランドで当時最大の保険会社はマーケットシェアを60％以上持つPZU（共産党主義時代はPZUが保険市場を独占していた）であったが、そのPZUの株式は財務省が所管していた。財務省のなかの保険監督部署と、PZUの株式を管理する部署の最終責任者は同一人物である。監督する人と監督される人が同一とは！　明らかに利益相反である体制が存在すること自体、驚きだった。その点に関して助言をすると同時に、共産党主義時代からの保険制度をどのように市場経済に沿った制度に移行すればよいかを考え始めた。調べ始めたものの、こうした移行は歴史上前例がないことであり、総合的に分析している文献がない。徹底的に自分で調べて考えてみる気になった。

幸い、筆者の努力は結実し、ポーランドではその後、**財務省から独立した保険監督庁が設立された**。さらに筆者はこの時の研究・分析をＯＥＣＤ時代に知己を得たロンドンのシティ・ユニバーシティ（City University）のジェリー・ディキンソン（Jerry Dickinson）教授にアドバイスを請いながら、数年間かけて論文にまとめた。その研究により、同大学から博士号が授与されることとなった。

ポーランド代表としてパリーＩＡＩＳ年次総会へ

ポーランド政府と他国との協力体制の確立に向けた課題についても、やるべきことがよくみえた。保険当局者の国際協力を促進する新しい国際組織が設立され、国際基準の策定を目指しているとの情報を得たので、ポーランド代表と一緒にその会議に出席し、他国との協力関係強化を支援していくこととした。**この新しい国際組織こそ、その後、筆者が事務局長を15年務めることになるＩＡＩＳ（保険監督者国際機構）である。**

最初に出席したＩＡＩＳの会議は、１９９６年10月14日から15日にかけての年次総会だった。この年の年次総会は、パリ・ベルシー地区のセーヌ河岸にあるフランス財務省内の会議場で開催された。この会議場はフランスの芸術センスのよさを象徴したようなモダンで粋なつくりとなっており、広々とした1階にはカフェがあって会議に出席する人たちが自由に会話を楽しめ、2階に100名以上を収容できる大きな会議室がある。

年次総会は、この会議場でIAIS加盟国の代表者多数が参加し、開催された。一緒に参加する予定だったポーランド人の同僚が出席できず、筆者が1人でポーランド代表の席に座った。財務省の会議場へ着くと、総会の前にいくつかの委員会が始まるところだった。はじめてで勝手がわからず、会議室の前で立っていると、会議の出席者たちが筆者をみて、「入れ、入れ」と誘ってくれる。出席者の1人のクヌット・ホーフェルド（その後、IAIS初代事務局長として筆者の上司となるが、当時はドイツの保険監督庁長官だった）が、初対面なのにニコニコして話しかけてくれた。日本人なのにポーランド代表という何者かよくわからない筆者を、皆がとても温かく迎え入れてくれた。OECD会議とは全く違う雰囲気であった。OECD保険委員会は、各国バラバラに昼食を食べ、会議が終わると皆散り散りに帰っていったが、IAISでは、会議やコーヒーブレイクだけではなく、会議後もカクテル、夕食会など様々な会話の場があった。そこで多くの参加者と話が弾み、親しくなった。会議が議論の場だけではなく、仲間をつくる楽しい空間であった。また、この年はフランス財務省が威信にかけて総会を主催したこともあり、最高級のもてなしを受けた。たとえば会議の最終日の夕食会は、パリの象徴的な建物であるオペラ座を貸し切って開催された。

この会議で、次の点にＩＡＩＳメンバーが合意した。

① ＩＡＩＳを保険の国際基準策定機関とする。

② 独立した事務局をスイス・バーゼルのＢＩＳ（Bank for International Settlements：国際決済銀行）内に設置する。

このパリでの年次総会は、国際機関としてのＩＡＩＳの地位が確立した記念すべきものとなった。ＩＡＩＳという組織と出会った印象は強烈であった。保険の国際基準づくりが、ＩＡＩＳでこれから始まる。素晴らしいものをつくっていこうと、メンバーは活き活きしていた。しかも、皆が筆者を温かく迎え入れてくれた。**「ＩＡＩＳの仲間と一緒に活動していきたい」と強く思った。**

充実感が全身を満たす

パリ年次総会の熱気がまだ冷めやらぬ１９９６年11月。ベルリンでＩＡＩＳの重要な委員会が開催された。翌年度に開催される年次総会での採択に向けて、国際基準の案づくりや重要な文書の作成をするための会議である。

会場となったドイツ保険監督庁はベルリン市内の緑豊かな住宅街にあった。さすがヨーロッパ最強の保険当局といわれるだけあり、重厚な伝統を感じさせる立派な石造の建物である。100名以上が参加したパリの年次総会と異なり、その会議はＩＡＩＳを実際に動かす20名程度の主要メンバーが参加者だったので、こぢんまりとした規模のものだった。ありがたいことに、フランス語中心で行われているＯＥＣＤ保険委員会と異なり英語であるため、筆者も議論に参加しやすかった。

その後、メキシコシティー（1997年2月）とバーゼル（1997年5月）で同様の会議が開かれ、保険監督の国際基準が練られ、新興市場への支援策の議論が進捗していく。これらの会議に筆者は、新しく誕生したポーランド保険監督庁の初代長官ダヌータ・バウチェシュ（Danuta Watcerz）のアドバイザーとして出席していた。バウチェシュは英語で話すのが得意ではなかったため、筆者に自由に発言させてくれた。会議への参加者はほとんどが先進国の代表であったが、新興国支援はＩＡＩＳの重要な課題であり、新興市場委員会という委員会も設置されていた。ポーランドはその当時、社会主義経済から市場経済への移行期で、新興国として様々な課題を抱えていたので、新興市場委員会の議論に積極的に参加し貢献した。そして、部会の議長を務

バーゼルのライン川

めるなど、イニシアティブも取っていった。
これらの会議では、国際基準案に限らず様々な文書が配布され、それをもとに議論が進められる。当時はまだ文書がすべて紙で配布されており、文書フォルダーは分厚いものが数冊になる。すべて読み込み、数日間にわたって終日議論をし、文案の文言を練ったり、懸案を解決したりしていく。朝食、昼食は多くの場合、非公式会合を兼ね、夜は毎晩のように仲間で集まり、夕食を挟んで議論となる。このような数日間の会議が終わると、疲労困憊で虚脱状況になる。
バーゼルで会議が行われた時などは、会議やその関連行事が1日のすべてを占め、それ以外の自由時間が一切なかった。1週間近くに及ぶ会議が終わり、最後に数時間の自由になる時間が取れた。バーゼルの街に出ると新緑が眩しい。ライン川のほとりを歩いていると、人々が川辺でのんびりと日光浴をしている。そこに腰掛け、きらきらと輝く川面をぼんやりと眺めた。川面に見入って日差しを浴びていると、全身が何ともいえず暖かく包まれ心地よかった。フルマラソンを走り終えた時のようだ。疲れ切ったが、目標を成し遂げた心地よい充実感、達成感が全身を満たした。その後20年間、バーゼルに住み、マラソン会議を毎週のように経験するようになるとは、その時は思いもよらなかったが。

新興市場国保険規制ガイダンスを起案

パリの次のIAIS年次総会は、1997年にオーストラリアのシドニーで開催された。この会議は、はじめて保険の国際基準が採択されたという重要な意義を持つ総会である。シドニー湾に程近いホテルで開催され、当時のIAIS執行委員会の議長であり、オーストラリア保険・年金庁長官のジョージ・プーリー（George Pooley）がホストで主催者であった。この会議を最後に彼が引退することが決まっていたこともあり、オーストラリア政府が素晴らしい会議を設営してくれた。会議への参加者も前年より増え、様々な国々から数百名の保険監督者が集まった。

この総会では、次の3つの保険国際基準が採択された。

・**保険監督基準**（Insurance supervisory principles）：保険に関わる監督基準を簡潔に網羅した文書。現在世界中の保険監督当局が遵守すべき基準を定めた保険監督原則（ＩＣＰ：Insurance Core Principles）の前身であり、保険監督当局のあり方を含め、保険監督に関する基本的な事項を示したもの。

・**保険国際活動監督原則**（Principles applicable to the supervision of international insurers and insurance groups and their cross-border establishments）：保険会社の国際活動に関する監督原則を定めた文書。バーゼル銀行監督委員会が設立後最初に採択した、銀行の国際活動に関する国際基準を、保険監督基準用に改めたもの。国際的に活動する保険会社の監督に際し、母国当局と現地当局の役割分担を示している。

・**新興市場国保険規制ガイダンス**（Guidance on insurance regulation and supervision for emerging market economies）：新興市場国に適切な保険規制が導入されるための手引きを記したもの。

このうち、新興市場国保険規制ガイダンスは筆者が起案したものだ。年次総会でその文書も無事に採択された。**パリではじめて参加したＩＡＩＳ年次総会に魅了されてから1年後、自分が舞台に立ち、保険監督当局者の代表数百人の前で保険規制の手引きを紹介し、それが最初の**

ＩＡＩＳの保険国際基準関連文書の１つとして採択された。信じられなかった。

そのシドニー年次総会では、当時ドイツの保険監督庁長官であったクヌット・ホーフェルドが近く退任すること、そして初代ＩＡＩＳ事務局長として、彼がその翌年１９９８年からＩＡＩＳ事務局を仕切っていくことが紹介された。それと同時に、事務局長を補佐する事務局次長のポストを公募することが発表された。ＩＡＩＳの活動に限りない可能性を感じ、憧れを感じていた筆者は、その発表を聞いた途端、**『天職』が目の前に出現した気がした。**

クヌットとの面談

年次総会が終了し、数日後に初代事務局長となるクヌット・ホーフェルドに電話をし、面談を申し込んだ。彼は快く受けてくれたので、ベルリンのドイツ保険監督庁へワルシャワから訪ねていった。少し早く着いたので、保険監督庁の隣にある、花が咲き誇る綺麗な公園を歩いて心を落ち着けてから、ドイツ保険監督庁の門をくぐった。通された部屋は広々として、重厚な落ち着いた木机や歴代の長官の写真が並び、気品と威厳のある美術館のような空間であった（その後知ることになるが、ヨーロッパの金融当局、特に中央銀行では格式高い美術館のような会議室を持っているところが多い。たとえばスペイン中央銀行には、ゴヤの描いた肖像画がいくつも掛かった「ゴヤの部屋」という会議室がある)。

クヌットは事務局次長ポストの具体的な募集のプロセスを説明してくれた後、筆者が応募することを積極的に勧めてくれた。クヌットは優しさと品格があり、曲がったことは決していわないし、しない。そんな彼が筆者に応募を勧めてくれたことが、一歩を踏み出す後押しとなった。応募して、もし自分が事務局次長に選出されたら、今後の人生は大きく変わることになる。日本には当分戻らないことになるだろう。そう思うと不安にもなった。しかし天職と憧れているIAISに勤務したいという気持ちの方が、はるかに勝った。またフランス生活も含めるとその当時でもうヨーロッパに7年間住み、ヨーロッパの生活に夫婦共々馴染んでいた。スイスでもまた違ったヨーロッパの生活が経験できると思うと心が軽くなった。

応募書類を提出し、年が明けてから電話で面接を受けた。面接官はクヌット。質問は予想されていたものであり、落ち着いて面接を受けられた。しかし、各国から経験豊富な優れた保険監督者が多数応募してきていると聞いていたので、まずだめだろうと思って待っていた。数カ月待っても返事が来ない。やはりだめだったかと諦めていた頃にクヌットから連絡が入り、筆者が事務局次長に選出されたと告げられた。

「IAIS事務局で働ける」――。

天にも昇るばかりの気持ちだった。

1998年の春、貴重な経験を積ませてもらったポーランド政府関係者にお礼とお別れを述べた。日本に一度戻り、関係者に挨拶をするとともに、職業人の基本を学ばせてくれ、労働省への出向を含めてかけがえのない経験を積ませてくれた東京海上に感謝のうえ、正式に退社した。そして同年の5月からは、2年半住んだワルシャワを離れ、スイスのバーゼルに移った。

新しい生活が始まる

IAIS事務局に勤めることが決まった直後の1998年4月、イースター休暇を利用して、次の生活の場となるバーゼルを江理子と訪れ、その後、すぐ近くのフランスのアルザス地方を車で旅行した。その時期ワルシャワはまだ寒く殺風景であったのに対して、アルザスは新緑のなかで一斉に花が咲き始める桃源郷であった。「ワイン街道」といわれるほどの葡萄畑が広がるなか、陽光に照らされ、果樹の花々が咲き誇る道をドライブで抜け、童話に出てくるような可愛い村をいくつか訪れた。

そのなかで、リクヴィール（Riquewihr）という村に泊まった。ソーセージや肉、ザワークラウト（キャベツの酢漬け）などを白ワインで煮込んだ「シュークルート」という美味しい郷土料理と地元の白ワインを味わい、日帰り観光客が去った夕暮れ時にこの村を散策していると、まさにおとぎの国に入り込んだような気分になる。宿泊したのはこの地方によくみられる伝統的なアルザス風建築の、天井には木の梁がみえる小さなホテルだ。

ソファにくつろいでＩＡＩＳから送られて来た契約書をしみじみと眺めていると、横から江理子が覗き込み「よかったわね」と声をかけてくれた。その後、江理子も幸いＢＩＳの職員年金運用担当者の仕事を得ることができた。夫婦それぞれ国際機関で働く、新しい生活が始まる。夢のなかにいるようだった。

出会いが人生を変える

過去を振り返ると一貫しているのが、**出会いが人生を変える**ということだ。フランスに移ったのは、出張中での江理子との出会い、そこで仕事をすることになったのはＯＥＣＤとの出会いである。ポーランドに移ったのは、情熱にあふれたポーランド政府の若手幹部と本間勝さんとの出会いである。バーゼルに移ったのはＩＡＩＳ年次総会で国際機関としてのＩＡＩＳの誕生に立ち会ったこと、そしてＩＡＩＳで活き活きと活動する様々な人たち、そしてクヌットと出会ったことがきっかけである。なぜこんな出会いがあるのだろうか――。

好きなことを求め続けていると、ある出会いが目の前に突然現れる。その出会いに感動して、ともかく行動を起こす。行動を起こすと、新しいワクワクする世界が開けてくる。そんなことを繰り返してきた気がする。

第 3 章

新しい国際機関の誕生

本章では、筆者が創設から関わり、事務局長としてリードしてきたIAIS（保険監督者国際機構）という国際機関について概観する。一般にはあまり知られていないIAISという組織は、どのように誕生し、どのような理念を打ち立てたのか。そして、いかにして、関係機関と連携しつつ、人手不足や財源不足といった課題を解決し発展していったのかについて、紹介したい。

IAISの始まり

IAISは150カ国以上から約210の保険監督当局、人数にして約3万人の保険監督者が会員となっている保険規制・監督当局による国際機関である。その主な目的は、**保険規制・監督者の国際協力を深め、国際基準をつくること**にあり、スイス・バーゼルのBIS（国際決済銀行）に事務局を置いている。

読者のなかには、銀行の規制・監督者の集まりであり、いわゆる「バーゼル資本規制」という銀行の基準を策定したり、監督面の協力をしたりする国際機関である「バーゼル銀行監督委員会」（BCBS：Basel Committee on Banking Supervision）という団体をお聞きになったことがある方もいるかもしれない。その保険版こそ、IAISである。バーゼルプロセス（The Basel Process）という言葉があるが、これは世界中の中央銀行からなる国際機関であるBISに金融監督当局と中央銀行の幹部が集まり、国際協調の精神で金融システムの安定化等のための議論を深め、国際基準の策定を行うことを指す。BISには、バーゼル銀行監督委員会とIAISのほか、FSB（Financial Stability Board：金融安定理事会）の事務局等も置かれている。

IAISの発祥地は、アメリカである。IAISが独立した国際機関として誕生したのは、事務局をバーゼルに置いた1998年1月であるが、もとを辿れば、1980年代にまで遡るアメリカでの議論や準備が土台となっている。

アメリカの保険監督権限は、アメリカ各州、各直轄地（ワシントンDC等）、各直轄領（グアム等）がそれぞれ所管しているうえに、連邦政府には（銀行、証券と異なり）基本的に保険の監督・規制権限がない。そのため、アメリカ国内の保険監督当局者による協力体制を保つ組織であるNAIC（National Association of Insurance Commissioners：全米保険監督官協会）が存在し、アメリカ全体の保険制度の維持・発展の中心的な役割を果たしてきた。

NAICは毎年数回、アメリカ各州の保険監督当局者の代表が一堂に会する大きな会議を開催しており、1984年の夏は、その会議がルイジアナ州のニューオーリンズで開催された。その時に集まった数名の州の保険監督者代表と、会議に私的に招待されていた他国の参加者との会話から、「多くの国の保険当局者が集まって意見交換ができる場をつくろう」という構想が生まれた。それがきっかけで、IAISが誕生することになったのだ。

その後、NAICの夏季会合にアメリカ以外の保険監督当局者が正式に招待されるようになり、1986年にはアメリカと他国の当局者が集まる会合が、独立した国際会議としてNAICの正式なイベントとなった。その後、参加者が年々増加し、1990年にはその会議の参加者間で保険監督当局者の国際協力を正式に組織化するための作業部会が設置される。1993年にその組織の規約が承認され、翌年の１９９４年には、イリノイ州の非営利団体として、68カ国の保険規制当局者のサポートを得てＩＡＩＳが立ち上がった。その年にメリーランド州のボルティモアで、ＩＡＩＳの記念すべき最初の年次総会が開催された。ＩＡＩＳを運営する事務局はＮＡＩＣ事務局が兼務しており、当時の主な活動は、**監督者の国際的な協力の強化、特に意見交換の推進と、新興国の保険監督者への教育活動**であった。

国際基準策定を目標とする組織に

このようにＩＡＩＳが組織として成立したのは１９９４年であるが、当初の活動は意見交換と教育活動という限定された内容で、あまり目立った活動は行われていなかった。**ＩＡＩＳの保険監督の国際機関としての地位を実際に決定付けたのは**、前述の通り、その2年後に開催された**１９９６年のパリでの年次総会での合意である。**この年次総会では、**ＩＡＩＳが国際基準策定主体となること、独立した事務局をスイス・バーゼルのＢＩＳ内に設置すること、各国からの会費を引きあげること**（当時1カ国年３０００ドルで運営していたが、それを数年かけて５０００ドルにする）、の3点を決定した。

ＩＡＩＳが国際基準策定主体となったのは、その当時、銀行、証券、保険など複数の金融分野を手がける金融機関グループである金融コングロマリットの活動が活発化しており、それをどのように規制するかが課題となっていたという時代背景がある。そこで、銀行の国際基準策定主体であるバーゼル銀行監督委員会が音頭をとって、証券の国際基準策定主体である証券監督者国際機構（ＩＯＳＣＯ：International Organization of Securities Commissions）とＩＡＩＳのそれぞれの代表が集まり、議論を重ねてきたことが影響している。そして、3機関が協力して「ジョイント・フォーラム」（The Joint Forum on Financial Conglomerates）という組織をつくり、事務局をバーゼル銀行監督委員会事務局が兼務することとなった。しかしその当時、この3機関のうちで、ＩＡＩＳだけが国際基準を策定する権限がなかった。他方、保険業を国際的に展開する保険グループの活動が活発になってきていたため、保険監督当局者としても「国際協力を一層推進しよう」という声が高まってきていた。ＯＥＣＤ（経済協力開発機構）の保険委員会のように、保険監督当局の国際協調を理念とする団体は当時他にも存在し、国際会議や意見交換等を行っていた。しかし意見交換に留まらず、その議論に基づいて共通の目標となる基準を定めれば、保険規制の共通言語（common language）が確立でき、国際協調が強力に促進される。そして１９９６年のＩＡＩＳ年次総会で、世界中の保険規制当局者の合意に基づき、**ＩＡＩＳが保険当局間の国際協力の核となる国際基準策定を目標とする組織となることが宣言された**のである。

事務局をどこに設置するか

事務局の設置場所については、当初はデンマーク政府が支援を申し出て、コペンハーゲンに設置する案が有力であった。しかしその後、バーゼルのＢＩＳがスイス政府の支援を含む提案を出し、パリのＩＡＩＳ年次総会ではこの両案が議論された。

ＩＡＩＳの執行委員会は、バーゼル案を推していた。ＢＩＳ内のオフィススペースを含む様々なサポートが無償で受けられ、バーゼル銀行監督委員会の事務局もＢＩＳ内に所在するため、銀行監督者との意見交換も容易だ、というのがその理由である。しかし、ヨーロッパの保険監督当局者のほとんどが、ＢＩＳでは中央銀行や銀行監督者に囲まれるためその影響が強くなりすぎ、ＩＡＩＳの独立性が維持できなくなることを懸念して、コペンハーゲン案を支持していた。当時、筆者はヨーロッパ域内のポーランド代表として出席していたが、バーゼル案を支持していた。コペンハーゲン案よりもバーゼル案の方が、ＢＩＳから様々なサポートが得られ、ＩＡＩＳ事務局の立ち上がりがスムースに行くと考えたからだ。

最終的には年次総会での投票で、バーゼルのＢＩＳ内に事務局を設置することが決定された。その後、ＩＡＩＳの国際基準が各国に普及し遵守されていくうえで、ＦＳＦ（Financial Stability

Forum：金融安定化フォーラム（FSBの前身））との連携が重要となってくるのだが、**IAIS事務局をFSF事務局と同じバーゼルのBIS内に設置していたことによって、IAISの独立性を保ちつつ両機関の緊密な連携が容易となり、IAISの発展を支えることにもつながっていった。**

IAISの年会費についての合意が得られたのも、この時の会議の重要な成果であった。1カ国につき年3000ドルという少額ではあったものの、**IAISの活動を始めるための最低限の資源が確保できたことは、独立した組織を創設するうえで重要な決定であった。**

3名でスタートしたIAIS事務局

IAIS事務局が正式にバーゼルで活動を始めたのは、1998年1月、ドイツ保険監督庁長官だったクヌット・ホーフェルドが初代IAIS事務局長として赴任した時である。その数カ月後に筆者が事務局次長としてバーゼルに赴任し、事務のアシスタント役としてBISが派遣してくれた職員であるセシリア・ミューラー・チェン（Cecilia Mueller-Chen）を加えた3名がIAIS事務局スタート時の陣容であった。オフィスはBISが無償で提供してくれたが、それ以外は

IAIS創設期の事務局メンバー
（BIS内のIAISオフィス、左からクヌット・ホーフェルド、セシリア・ミューラー・チェン、筆者、1998年８月撮影）

何もなかった。電話やファックス（電子メールがない時代であった）の設置、銀行口座の開設、ウェブサイトの立上げから始まり、10以上ある内部の委員会のサポート、会員との通信や会費の徴収など、やるべき日常業務はいくらでもあった。

それらに加え、新しい国際基準の策定や活動計画の作成、組織体制を充実させるための資源の確保、外部会議への参加、さらに地域で開催されるメンバーの研修の企画・実施などの重要な活動も山積みだった。人も経験も足りないため業務はなかなか進まなかったが、国際基準策定主体として世界中に知れわたっているバーゼル銀行監督委員会のようにいつかはなるのだ、と夢を描いていた。クヌットと筆者は、年がら年中オフィスにいた。週末どころか、夏休みも年末年始もない。周りのBISの職員のほとんどが毎日定時に帰宅し、週末や長い夏休み、冬休みを取っているのを横目でみながら、朝早くから夜遅くまで、文字通り365日働いていた。しかし充実しており、不思議なことに疲れを感じなかった。

我々が特に力を入れたのが、**①IAISの理念の確立**、**②他の国際機関（特に後述するFSF）との連携と国際基準策定**、**③人手不足対策**、**④活動計画の作成と資源の確保**である。ここから、それぞれについて順に説明していく。

IAISの理念の確立

IAISの初期の活動を支えていた仲間（IAIS執行委員会のメンバー）は、「保険の国際基準をつくる」という夢に燃えていた。自国だけでは解決できない課題があり、それをどうにか解決しようと、様々な国から意を共にする同志が集まり、熱い議論が交わされた。

執行委員会のメンバーは、皆が自国で責任ある地位につき、日常業務だけでも十二分に忙しい人たちであったにもかかわらず、自発的・積極的にIAISの活動に参加した。フルタイムでIAISの運営に専念できるのは事務局長と筆者だけである。早朝でも夜間でも本業の合間をぬって頻繁に電話会議を開き、年に4回程度開催される対面での会議では、食事中も含め、早朝から深夜まで議論していた。執行委員会のメンバーは、国籍や所属する組織は異なるものの、皆が共通の目標に向かって情熱的に取り組む仲間であり、深い絆で結ばれていた。この同志の間で何を目指し、何を究極の目標として活動しているのか、組織の理念（Mission Statement）を確立しようと、1996年から議論を始めた。

議論に先立ち、我々は皆、理念そのものについて、次のような思いを抱いていた。

「そもそも理念とは我々の組織への情熱や思いを表現したものであり、活動の基盤である。理念は、組織の決意、強みと機会とを簡潔かつ明確に表現し、長期的な視野に立ち、高潔で、共感を呼び起こし行動を促すものでなければならない。**理念は、頭ではなく心に響くものでなければ意味がない**」

「**理念の共有化ができていなければ組織が動かない**。理念を共有することによって組織がまとまり、組織に対する誇りや献身が生まれ、素晴らしい力が発揮され、優れた結果につながる。理念によって組織の活動が定まり、組織の文化が形成され、組織の規範が生まれ、重要な決定を下す際の拠り所ができ、活動の優先順位が決まる。〝何を、なぜ、誰のために為すのか〟という根源的なことを、メンバーをはじめ、すべてのステークホルダーが理念として共有することで、素晴らしい力が発揮される」

このような皆の熱い思いとともに、理念づくりがスタートした。一言一句に、何日もかけて議論を続けた。その過程でＩＡＩＳの根本的な存在意義についても何度も自らに問い直した。そして、議論を重ねて皆の認識が、次のように収斂してきた。

「我々がＩＡＩＳ活動に参加しているのは自国の利益のためではなく、国際的に優れた保険規制制度をつくりあげるためである。我々の主な活動は**保険監督当局者の国際協調を進め、国際基準を確立して、それを履行することだ**。我々が最終的に実現したいのは、**安全で、安定した、公正な保険市場**である。我々の活動の究極の目的は、**保険契約者の権利や利益を保護することであり、金融システムを安定化させることである**」

このような思いを凝縮したものが理念となる。すなわち、ＩＡＩＳの理念は「**保険規制の国際基準をつくるという活動を通じて、個人、組織、国家の利益を超え、保険契約者の保護、金融安定のために保険制度の国際調和を目指す**」と確定した。

そして、ＩＡＩＳ規約（By-Laws）にＩＡＩＳの理念を明記した。その後、重要な決定事項をめぐって議論が割れた時、意見がまとまらない時など、筆者は事あるごとにこの理念に立ち返ることを唱えてきた。実際、国際基準を具体的に議論すると、自国の短期的な都合や各国の利害対立のために反対の声があがり、なかなか議論が進まない。**そのたびに理念に立ち戻り、個人、組織、国の利益のために行動するのではなく、世界全体の利益のために行動する責務があることを確認してきた。**それにより、議論をあるべき方向に修正する。だからこそ、様々な障害があったものの、ＩＡＩＳはその後、真に国際的な主体にしか成し得ない保険規制の国際原則や国際保険資本基準（ＩＣＳ：Insurance Capital Standard）の策定といった偉業を成し遂げることができたのである。

他の国際機関との連携と国際基準策定

ＩＡＩＳが事務局を構えて活動を開始した年は、タイの金融危機に端を発したアジア危機により世界経済全体に悪影響が及んだ年である。この危機によって、「１つに綻びが生じると全体が崩れる」という当時の国際金融システムの脆さが明らかになった。このようなシステムを改善するため、Ｇ７等の主要国の財務当局、金融当局と中央銀行、国際金融機関の幹部が集まり、金融

2000年当時のIAIS執行委員会メンバー（後列一番右が筆者）

システム強化のための政策を国際的に議論し、構築する機関として１９９９年にＦＳＦが誕生。ＢＩＳの当時の総支配人（General Manager：ＢＩＳの日常業務を運営する組織のトップ）であるアンドリュー・クロケット（Andrew Crockett）がＦＳＦの初代議長となった。

ＦＳＦが特に力を入れたのが、**先進国、新興国を問わず、世界各国の金融システムを強化するために、国際基準を各国が遵守する仕組みを構築すること**であった。その目的のために、国際通貨基金（ＩＭＦ：International Monetary Fund）と世界銀行（World Bank）が、各国の金融システムにおけるその遵守状況等を評価する「金融セクター評価プログラム」（ＦＳＡＰ：Financial Sector Assessment Program）を創設した。問題は、判断する対象となる国際基準を誰がつくるかであった。クヌットと筆者はアンドリュー・クロケットと何度も会合を持ち、金融システムにおける保険の重要性を唱え、**ＦＳＦの極めて限られた参加者席数のなかでＩＡＩＳとして2席を確保する**ことに成功した（国際通貨基金と世界銀行はそれぞれ1席であった）。さらに、金融システムにとって重要な国際基準をＦＳＦが選定する委員会に筆者が参加し、保険の重要性を訴え、**保険監督原則（ＩＣＰ）が、バーゼル委員会の銀行監督原則**（Core Principles for Effective Banking Supervision：バーゼル・コア・プリンシプル）**と並び金融システム維持のための重要な国際基準として承認された**。この決定により、各国の金融システムを国際通貨基金と世界銀行が評価する際に、ＩＡＩＳが策定する保険監督原則が評価基準として使用されることが決まったのである。

これは国際基準策定機関に成り立てのＩＡＩＳにとって大成果であったが、1つ大きな問題があった。国際基準として承認された保険監督原則の肝心の中身が固まっておらず、その当時はまだ正式な基準として存在していなかったのである。そこで急遽作業部会を立ち上げて１９９９年の秋から作業を開始し、精力的に検討を進め、２０００年の秋のＩＡＩＳ年次総会で保険監督原則を採択するところまでこぎつけた。それにより、国際基準策定主体としてのＩＡＩＳの存在意義が世界中の金融当局間でよく認識されることとなった。

人手不足対策

いくら情熱を持って働き、ＩＡＩＳメンバーからの強いサポートがあっても、職員が事務局長、事務局次長とアシスタントの3名では限度があった。そもそも仕事は山ほどあるのだが、やればやるほど成果が出て、それに伴って課題も増え、ますます人手が足りなくなる。メンバーの支援も増えてきたが、仕事量にはとても追い付かず、事務局の人手不足解消は当時の深刻な課題であった。しかし、資金は各国保険当局から一律で集めている３０００ドルと、スイス政府からの立上げ資金援助の30万ドルがあるのみ。職員を雇いたくても資金がない。さてどうするか。「ともかく頼めるところにお願いしよう」と目星を付けてひたすら頼み込んだ。

まずは、事務的サポートが極端に不足しているので、ＢＩＳのアンドリュー・クロケット総支配人に嘆願し、優秀な秘書をＩＡＩＳに派遣してもらえることとなった。さらに、部会などを運営するための事務局員は、ＪＩＣＡ（国際協力機構）に頼んで、専門家を1名、数年の間派遣してもらえることとなった。さらにオーストラリアの保険監督当局にもお願いし、手弁当の出向者を1人、事務局に派遣してもらった。3名の体制が6名になるだけでも倍増だ。また、民間保険協会や保険会社へのＩＡＩＳの認知度も高まってきたので、１９９９年の年次総会でＩＡＩＳ活動への民間保険会社からの参加を準会員（オブザーバー）として認め、1社・1団体から5000ドルの年会費を徴収することとし、人件費に回せるようになった。これらの手立てで、事務局も徐々に人手不足が改善されてきた。

活動計画の作成と資源の確保

しかし、この対策も根本的な解決策にはならない。BISのサポートは数年の期限付きであるし、手弁当の出向者も数年で母国の組織に戻る予定で、その後も継続して出向者を派遣してくれる保証はない。民間団体や保険会社（オブザーバー）からの会費に依存しすぎることは、公的な監督・基準策定機関の統治上、不適切である。根本的な対策は、IAISの将来像をメンバーと共に描き、それを実現するために、年会費の増額などメンバーからの支援の強化について合意を取ることに尽きる、と考えた。

2001年1月にIAIS執行委員会の議長に就任したマニュエル・アギレラ（Manuel Aguilera）（当時メキシコ保険監督長官）のもとで中期活動計画の策定が始まり、主要メンバーとの議論を重ねたうえで翌年の秋の年次総会で承認された。この中期活動計画は、IAISの

2003年から5年間の活動計画を詳細に描き、そのために必要な資源を分析し、その資源を確保するために各国がどれだけの貢献（年会費の支払い）をするべきかをまとめたものである。従来の年会費は、前述の通り一律の額（5000ドル）であったが、国の保険市場の規模などを考慮して国別に異なる会費へ変更することに改め、それによって保険市場が大きい国の年会費を引きあげることが可能となった。

このようにして、国際基準策定機関として運営していくのに必要な財源が確保されることとなった。

最も重要な要素は〝同志〟

このように、**国際機関の創設・運営には、理念の確立、他の国際機関との連携と基準策定のような中核となる活動、人材不足対策、活動計画の作成と資源の確保が不可欠である。**このすべてを支えるのが、前述の「IAISの理念の確立」の節でも強調したように、**情熱を持った同志だ。同じ使命感や目的意識を共有する仲間がいなければ、そもそも何も始まらない。**理念を実現するために、中核となる活動を始めたり、資源を確保しようと関係者を説得したりすること、将来の活動の見通しを立てて計画を作成すること、これらは皆情熱にあふれ、頼りになる同志がいるからこそできるものだ。国籍、人種、経歴や文化は違えども、理念と情熱を共有する人たちが集まれば、皆で描いた夢が実現できるのである。

第 4 章

Unity in Diversity（多様性から生まれる調和）——国際会議での議論の仕方

"Unity in Diversity"（多様性から生まれる調和）。これは、欧州連合（European Union：EU）のモットーだが、社会が多様化している現代、多様性から価値を生み出すことはあらゆる組織で重要な命題となっている。近年、我が国でも多様性の重要性が強調されているが、単に多様性が存在するだけでは意味がない。多様性を維持したうえで、そのなかから協調、調和といった価値が生じることに意味がある。では、多様性から価値を生み出すためにはどうすればよいのか。本章では、国際会議の議論を例に、多様性から価値を生み出すことについて考えてみよう。

多様性が奏でるメロディー

"Unity in Diversity"（多様性から生まれる調和）とは、**様々な人々が集まり、お互いがその違いを尊重し合いながらつながり、多様性から生まれた美しい調和が、新しい価値を創造することを指す**。音楽にたとえれば、オーケストラで、それぞれ異なる特徴を持つ音色の楽器が一緒に演奏することにより、美しいメロディーを奏でるのと似ている。

ＩＡＩＳ（保険監督者国際機構）のような国際機関で開催される国際会議は、まさに多様性を体現している。人種、国籍、性別、年齢などを超えて、皆でよりよい世界を築くために議論をする。参加者は、それぞれが監督権限を自国で有する、いわゆる一国一城の主人だ。「自分の国は自分で守る」というのがそれぞれの参加者の基本姿勢である。しかし国際的な保険ビジネスの展開により、自国を守るためにも国際的な連携が不可欠になってきているため、皆で国際基準をつくり、協力を強化しているのだ。ただ、実際に国際基準案の議論となると、いくつかの国から必ず反対が出る。予想もしなかった考えに驚かされることも少なくない。それまで議論されていた論点と全く異なる議論を延々と展開する人が現れ、それがその人の信条だったりすると、一層迫力がある。情感のこもったスピーチに対して「まるでオペラの歌い手をみているようだ」と感想を持つこともある。

国際基準はコンセンサスで決めるのが基本である。コンセンサスとはすべての参加者の意見が検討され、妥協が図られ、多数の参加者が支持する意見に誰も反対を表明しないことを指す。すなわち反対を唱え続けている人たちがいる限り、なかなか合意が成立しない。さて、このような場合はどうしたらよいのか。そもそも多様性から調和を生み出すためには、いくつかの原則がある。ここでは、特に大切な次の4点について述べたい。

①　目的（理念）を共有する。
②　つながる。
③　聴く。
④　発言する。

目的（理念）を共有する

まず、第3章でも触れた通り、**組織や議論の最終的な目的や目指すところが共有されていることが基本だ。**その組織は何のために存在するのか、何のために議論しているかが皆に理解されていなければ、成果が生まれない。多様性の真価が発揮されずに終わってしまう。目的が世界平和であろうと、自由経済の発展であろうと、あるいは国際基準の策定であろうと、究極の目標が共有されていることが、多様性から調和が生まれ、価値を創造する原点だ。しかし、目先の課題にのみ目が行き、「そもそも何をするための組織なのか、何のための議論なのか」ということを往々にして忘れてしまう。特に意見が対立すると、相違点にばかり捉われ先に進めなくなってしまう。そんな時には、この原則を再確認することが重要だ。IAISの場合には「保険契約者の保護、金融安定のために保険制度の国際調和を目指す」という理念が共有されたことは第3章で述べた通りである。最初の提案、反対者からの意見を並べてみて、この共有されている理念に照らした場合にどうすればよいかを考えてみると、思いもしなかった解決策が出てくることもある。

つながることの大切さ

つながる（bonding）とは、相手を認め、そのシグナルを送ることである。挨拶をする、握手をする、あるいは気軽な会話やお茶、食事を共にし、円滑に意思疎通ができる関係になることをいう。どのような人間関係においても、これは基本中の基本の出発点であり、**異なる文化、慣習、背景を持つ人々が集まる国際社会では一層重要である。**

つながらないと議論すら始まらないが、これがなかなか難しい。特に意見が異なることが予め予想されていると、概してそれができなくなる。というのも、我々には誰もが自分と共通点の多い人、似た経歴や経験を持つ人、似た意見を持つ人とのつながりが強くなる習性があるからだ。同胞意識が強く、仲間内での対話で終わってしまうのがその典型だ（「ジェンダーの平等」を謳いつつも、結局は男性だけで集まりがちになるのもこの例であろう）。特にインターネットで情報が入手できる現在では、自分の好みの情報や意見が自動的に選別されたり、自ら選択しがちになったりするので、異なる意見を有する人とのつながりが減る傾向にある。

国際会議でも同じである。同国人や同じ意見を共有する人とはつながりやすく、対話をする機会も多いが、意見が異なる人や文化や背景が違う人とは、つながることが少なくなってしまいがちである。うまく機能しない国際機関や国際会議の典型が、意見を共にする国々の仲間とのみつながり、意見が異なる相手や相手国とはつながらないといったケースだ。これでは難しい交渉がまとまるわけがない。

交渉では、参加者は自分が達成したいことを明確にし、相手の欲していることを理解し、参加者それぞれが有益な結果、すなわちウィン・ウィンの結果を得ることを極力目指す。**交渉を成功**

させるためには、**参加者同士が公式、非公式を問わずつながり、密にコミュニケーションを取り、相手が何を考えているのか、何を欲しているかを十分に理解したうえで交渉に臨むべきである。**しかし、相手と意見が対立するような難しい交渉を始めると、自分と同じ意見を持っている仲間とは意気投合して必要以上に話すが、意見を異にする相手とは、対立により感情的にも冷え、つながらなくなる。結果的に、意見が平行線のまま交渉がまとまらなくなってしまうケースが多い。

そのため国際会議では、**異なる意見や背景を持った参加者が、つながることができる場や時間をできる限りつくっている。**コーヒーブレイク、昼食、カクテル、夕食など、会議から一息ついて自由に話ができる時間がそれだ。会議そのものよりも、コーヒーブレイクの方が重要だと言い切ってはばからない人たちすらいるが、その主張にも一理ある。皆が自分の意見を自由に発言できるような会議の環境を整えるのが先決である一方、会議とは少し離れた環境でコミュニケーションを取れるような場を設けることも肝要だ。

筆者の経験を振り返ると、ＩＡＩＳで難しい交渉に直面した場合、あえて意見の異なる相手を食事に誘うなどして場を設け、つながって議論する機会をつくるようにしていた。こちらから申し出ると、不思議なくらい相手は率直に応じてくれる。実際に会って話を聞いてみると、表向きの発言・主張の裏にある相手の真意や気持ち、譲れない点や理由がよく理解でき、妥協の道がみえてくる。意見が対立することは当然起こり得る。**重要なのは、その時こそ、相手を避けずにつながって共有する場を設け対話を続けることである。**そうすることにより、両者が受け入れ可能な解決策の範囲がわかってきたりする。

昨今はコロナ禍の影響もあり、オンラインでのコミュニケーションの機会が増えた。オンラインでのコミュニケーションは、多くのメリットを我々にもたらしてくれる。しかし、多様性から価値を生み出す過程、特に意見が対立する者や価値観が違う者同士が調和して共通の解を見つけるためには、実際に対面で会って、つながり、正式な会議の場以外も含め、相手への理解を深めることに勝るものはないと確信する。

心を開いて聴く

多様な人々とつながって議論を始めても価値が生み出せない元凶は、相手の話を**「聴けていない」**ことにある。よくある最悪の例は、自分ばかり話して相手に質問をしないケースである。これでは相手の話が聴けるわけがない。2当局者間の交渉に立ち会うことが時々あったが、第三者として横でみていると気付くことが多い。交渉の大詰めで、一方が熱心に理路整然と意見を述べている。相手方の発言を聴いたり様子をみたりしていると、何か妥協案を出してもよい雰囲気になってきている。しかし話し手は、延々と話し続け、まとまりそうな交渉がまとまらない。相手は言葉だけでなく態度や雰囲気でも様々な信号を送っているのだが、それが話し手にはみえていない。自分や自分の意見にばかり注意が向いていて、聴けていない。

質問する時は、相手に対して純粋な興味を持ち、尋ねるべきである。相手が話していても、聴けていないのは、先入観や偏見が邪魔していることが多い。先入観や偏見を自覚できていればまだよいのだが、ほとんどの場合、無意識のうちにそれが居座っている。「相手の経験が浅いから」「外国人だから」「若いから」といった偏見や先入観が、心を開いて相手の話を聴くことを邪魔する。経験が浅いから、若輩者だからこそ違った見方ができて、より優れたアイデアが出せることがあるのに、それに気付かず、聴けていない。

残念なことに、日本においては多様性があってもそこから価値が生まれにくいといわれている。それが、ジェンダーの問題にせよ、国籍（日本人か、外国人か）の問題にせよ、年齢の問題にせよ、すべて**「相手を尊重して純粋に聴く」ことができていない**ことが、多かれ少なかれ影響していると思う。多様性から価値を生み出すのは、**相手を尊重し、自分の知性・感性を研ぎ澄まして、異なる意見を純粋に聴くことから始まる。**

新興国の代表から届いたメール

国際機関の交渉で、参加者を尊重し、その意見を純粋に聴いたうえで自分の意見を明確に伝えることの重要性を実感した筆者の経験を紹介しよう。

ＩＡＩＳでは２０１３年から抜本的な組織改革を始めた。その当時、ＩＡＩＳは既に保険監督に関して世界的に影響を与える存在であったにもかかわらず、その財源を監督対象である保険会社や保険業界団体からの直接の会費に大きく依存していた。２０１４年の段階で約１４０のオブザーバーがＩＡＩＳで活動し、ＩＡＩＳの大きな収入源である年会費に占めるオブザーバーからの貢献割合も40％を超えてきていた。ＩＡＩＳの内部会議にオブザーバーである（監督される側の）保険会社や保険業界団体の代表が常時参加しており、他の国際基準策定主体の関係者等にはよく驚かれた。ＩＡＩＳが策定する基準の中身には、業界の利害が影響しているのではないかとみられることもあった。この状況を改善するため、自主財源の確保を含めて組織統治を抜本的に見直すこととしたのである。

議論を繰り返し、ようやく２０１４年3月にＩＡＩＳ年次総会の議事を決定する執行委員会で改革の方向性が決定した。その結果、保険会社や保険業界団体から会費を取ること、ＩＡＩＳの内部会合に保険会社や業界の代表が常時参加することを廃止することとした。その代わりに、IAISの決定事項に関して市中協議を行ったり、保険会社や保険業界団体と意見交換をしたりする場を設けることとした。また、保険会社や保険業界団体からの会費の廃止の影響を軽減するために、BIS（国際決済銀行）から資金面の支援を得ることとした。メンバーにとって活動財源の負担が増えるため反対意見は強かったが、何とか方針は定まった。

ところが、その会議の後、執行委員会のメンバーではない、人口数百万の新興国の代表から、この執行委員会の決定を不服とするメールが執行委員会の議長と事務局長の筆者あてに届いた。このメールは執行委員会の決定を痛烈に批判し、高々と持論を唱えるもので、議長と筆者の心中は正直、穏やかではなかった。執行委員会で既に決まった事項であり、後は年次総会での決議を経て採択を目指す予定であったので、彼の意見に取り合わなくても、手続き上問題はなかった。実際筆者はそうしようかと考えたが、落ち着いてそのメールを読み返してみると、新興国の実情を考慮したうえで彼の心情を率直に述べたものであることが読み取れた。彼は保険会社や保険業界団体からの会費を維持しつつ、BISからの資金面の支援を得る方が新興国の会費負担の増加が抑えられるとし、反対に、BISから財政支援を得ることでBISの影響力が強まり、IAISの独立性が侵害されることへの危惧の念を抱いていた。これらの意見については執行委員会でも議論はされていたが、これほど強い反対意見ではなく、十分に検討されていなかった。

そこで、彼の懸念を汲み取ったうえで、ＢＩＳからの支援がＩＡＩＳの独立性を侵害する危険はないこと、保険会社や保険業界団体から会費や資金を受け取らず、内部の会議にも出席させないことは、監督する側とされる側の関係を整理する意味でＩＡＩＳの統治上、不可欠であること、新興国の会費の上昇は抑える工夫をすることなどを丁寧に明文化して説明し、すべての執行委員会のメンバーに共有する形で返答し、彼の納得を得た。

彼の懸念を受け止め、自分の考えをまとめて返答として発信したことは、予想外の効果を生んだ。この返事を書いたことで、改革案に関する説明に幅と深みが増した。拡充された説明の趣旨を様々な議論の場で説明することによって、反対者からも支持が得られるようになった。この説明を加えたことで、執行委員会議長と事務局主導の改革案から、徐々にＩＡＩＳメンバー全体が自発的に支持する提案へと変わっていった。最終的にこの提案は年次総会で圧倒的多数の支持を得て採択され、改革が即時に実行に移され、それが今日のＩＡＩＳ統治の土台となっている。

この経験から、**どんな相手でも敬意を持って接し、純粋にその主張を聴くこと、そしてそれに対する自分の意見を明確に伝え、その過程で調和の取れた解を見つけ出していくことの大切さを**学んだ。それによって我々は一歩前進し、新しい世界が開けてくるのだということも実感した。

なお、これは反対者に丁寧に趣旨を説明することで理解が得られた例であるが、反対者の意見を踏まえて当初の提案内容に修正を加え、その結果、当初案よりよい案につながった例もある。

発言しなければわかってもらえない

違いを尊重して価値を見出すためには、お互いが自分の意見や考えをはっきりさせ、違いが理解できるようにしなければ始まらない。国際社会では特に、日本のように「阿吽の呼吸」は通じないため、**「発言しなければ」わかってもらえない**。このことを、筆者は痛いほど経験してきた。

筆者は国際機関の同僚から「いいたいことがわからない」とよくいわれた。「そこまでいわなくても少しは察してもらいたい」というのが筆者の気持ちだが、それでは通じない。

たとえば、何か提案を受け、こちらが「どうも難しそうです」と困った表情をすれば、日本人の間では「無理そうだな」と相手は察するものだ。だが、国際社会では“That would be difficult.”と答えると相手は、「難しくても何とかなるのかもしれない」とほぼ正反対に理解する（ことが多い）。お互いを理解して価値を見出すためには、聴くことが大事だが、発言することも大切だ。「沈黙は金」などといっていたら何も始まらない。国際社会の意思疎通では、沈黙して

2016年のアジア保険監督者フォーラム北京年次大会

いたら無視されるだけである。求めなければ与えられない。**自分の意見や疑問を率直に明確に伝えるように、絶えず意識することだ。**また、意見とともに、**その理由や根拠をはっきり示す。**これが明確なコミュニケーションの基本である。

国際会議では、皆が分け隔てなく発言できる環境を整備している。IAISやFSB（金融安定理事会）では会議の参加者は皆平等であり、同じ会議にメンバーとして参加する者の発言は、その人の地位によらず、同等に扱われる。参加者には基本的に誰でも発言の権利が与えられ、また参加者は誰の発言であれ真剣に聴くことを求められているため、皆が積極的に発言するようになる。

その象徴として、国際会議では多くの場合、参加者同士はファースト・ネームで呼び合う。同国人の間では、○○局長、△△課長あるいはDr. XXXと肩書を付けて呼んでいても、一旦国際会議に入ると、皆が同等に、友人のようにファースト・ネームで呼び合い、会話をする。日本人がはじめて国際会議に出席し、他国の人に混じって話すと、日本人同士はそもそもファースト・ネームがわからなかったり、上下関係にある場合はどう相手を呼べばよいのかと戸惑ってしまったりといったことがしばしば起こる。国際会議では「郷に入っては郷に従え」で、日本式をやめて、ファースト・ネームで呼び合う方が自然であろう。ファースト・ネームで呼ばないと誰のことかわかってもらえないこともあり、自分も国際会議では日本国政府代表の地位にある方であってもファースト・ネームで呼ぶようにしていた。

また、ＩＡＩＳのように多くの加盟国からなる国際機関の公用語は英語が基本であるが、わかりやすい英語を話すのが原則である。会議の出席者の大多数は英語を母国語としない人たちであるため、意思疎通を円滑に進めるうえで、婉曲的な発言、複雑な言い回しや、自国の文化に根ざした表現やジョークは理解されないことが多いため、避けられる傾向がある。英語を母国語とする会議の参加者でこの原則に気付いていない人が時々いる。英語で議論する国際会議では英語を母国語とする人たちが有利といわれるが、必ずしもそうではない。多様性から解を見つけるためには、多数派である英語を母国語としない人たちの理解を深めるのが土台であり、そのような人たちとの意思疎通には、英語を母国語としない人の方が、その難しさをよく理解しているぶん、長けていることがよくあるからだ。

簡潔に伝える

さらに、決定的に重要なのが**「簡潔に」伝えること**だ。この点は意外に気付かれていない。様々な考えが出され、そこから価値を見出すためには、多くの意見が出されることが前提であり、1人や少数の人が時間を独占してはならない。しかし、古今東西を通じて、役職の高い人が冗長に話すことは少なくない。

たとえば、筆者が事務局長時代、IAISでは職員全員で毎週1回打ち合わせをしていたが、議論が活発でもないのに、往々にして1時間近くかかっていた。それを問題視し分析してみると、最も長く話しているのが、なんと筆者自身であった。そこで、各自の報告は「原則1分間、4センテンス以内」というルールを導入した。報告は最重要な事項に限り、関心があれば出席者が質問をする。さらに必要があれば、簡単なメモを皆に配付することとした。どうしても1分間以上の報告が必要な場合は、話す前に議長である事務局長の許可を取る。この結果、会議時間は半分以下になり、しかも会議が価値創造の場となった。

簡潔に伝えることには他にもメリットが多い。まず、大事な発言を簡潔に発言することを続けていると、会議の他の参加者は「この人は大事なことを簡潔にいってくれるので、話を聞こう」

と思ってもらえる。ここまでいかなくても、発言が長いと聞き手の集中力が持たず、結局何がいいたいのかが伝わらないことがある。簡潔に述べることで発言内容が伝わりやすくなる。

また、自分の発言内容の中核を簡潔な文言で用意しておくと、全体の議論の流れに合わせて柔軟に発言内容を調整しながら自分の発言の核心を伝えられる場面が広がる。たとえば、「○○という利点があるので■■にすべき」と主張する予定であった場合、「Aさんは△△といい、Bさんは□□といったが、両者の共通点を探すと■■という案ではないかと思う。さらにそれに加えて■■には○○という利点がある。我々としては■■とするのがよいのではないか」といった主張ができれば理想的である。こうした主張をすると、Aさん・Bさんには自分の主張を聞いてくれ、一部を取り入れてくれた、と思ってもらえるので、全面的に反対しにくくなることに加え、議長や事務局といった取りまとめをしなければならない立場の人からも、仲裁案を出している点で無視できない意見となる可能性が増す。そしてもう1つのメリットが、簡潔な発言のなかの中核部分がその後の議論のキーワードになる可能性がある点である。後続の発言者がそのキーワードを繰り返してくれれば、それぞれの主張の内容は微妙に違っていたとしても議論の主流とみなされ、自分の主張が受け入れられやすくなる。

これと正反対なのが、議論の流れと関係なく部下が用意した発言原稿を延々と読みあげる発言だ（会議慣れをしていない参加者に多い）。このような発言は他の参加者に聞き流されるか、聞き入れてもらえないことが多い。

それでも合意できない場合
――保険グループの監督に関する国際基準策定の過程

しかし国際会議では、お互いを尊重して議論を重ねても、どうしても平行線で合意に至らないこともある。そのような場合はどうすればよいのだろうか。ＩＡＩＳで経験した、保険グループに関する監督の国際基準策定の例で説明してみよう。

２００８年のリーマンショック時のＡＩＧの経営危機は、その根源がＡＩＧグループの監督者の目が十分及ばなかった保険以外の金融取引（デリバティブ取引）にあった。その教訓を受け、金融危機以降、国際的に活動する多くの金融機関のグループを全体としてどう監督するかが、ＩＡＩＳを含む国際基準策定主体にとり重要な課題となった。そうした危機の再発を防ぐには、グループ全体のリスクを包括的・一元的に把握するために、連結ベースの監督をすることが重要となる。当時ＩＡＩＳでは保険グループ全体を保険監督者が直接監督する際の根拠となる国際基準がなかったことから、その策定が強く望まれていた。一方、一部の影響力のある国はそうした根拠づくりが国内の法制度上難しいことからその国際基準策定に対して慎重で消極的であったため、作業は難航していた。

国際会議で交渉して決める時は、**何についていつまでに結論を出すかを、まず合意する**必要がある。本件では、保険グループの親会社（それ自体は保険ビジネスを行っていないため保険会社ではない）を監督者が直接監督する国際基準をつくるかどうか、また、その決定をいつまでに下すかをIAIS内部でまず固めなければならなかった。国際基準の策定に消極的な当該国からは「期限を設定する前に十分時間をかけて議論すべき」、あるいは「グループ親会社を直接監督しなくても、子会社の監督を通じて親会社を間接的にみることで十分である」といった意見が出ていた。しかし、AIG危機の教訓から「本件に対して早急に結論を出すべきだ」との強い意見が多数のメンバーから寄せられ、さらにFSBがIAISで保険グループ監督の国際基準を策定するよう要請してきたこともあり、調整の結果、IAISでは2013年後半から議論を始め、2014年前半までに基準策定について結論を出すことを決めた。取組みの目的と期限について最初に明確に決めることが、国際交渉を成功させる貴重な第一歩である。そうしなければ、意味のある議論が始まらないし、終わらないからだ。

タイムラインが決まったら、入念な準備に取り掛かる。**国際交渉や会議の成否は、準備にかかっている**といってもよい。準備が万端であれば先手が取れ、議論は描いたプラン通りに進む。

議題が決まったら、自分の意見、立場を固めたうえで、情報を収集し、他のメンバーと事前に話し合い、それぞれの立場とその根拠、背景を理解することに努めることが重要である。本件については事務局が中心となって準備を進めた。まずメンバー国を対象に、グループ親会社の監督にかかる足元の規制の実態とグループ監督のあり方（目指すべき姿）について調査を行った。

その結果をまとめると、グループ親会社への監督を既に導入しているメンバー国が多いこと、また、導入していないメンバー国の多くも、実はグループ親会社を何らかの形で監督することを望んでいることが明らかになった。保険以外の様々な事業を行っている子会社を持株会社の傘下に置く保険グループが多く、グループ親会社を直接監督する権限がないと、保険会社以外の子会社、グループ全体の財務や企業統治の状況把握が困難となり、AIGのような状況になりかねないというのがその理由であった。もっともである。これを受けて、IAISの執行委員会議長と国際基準策定に消極的な執行委員会メンバー（保険監督当局）の間で事前会合を開き、コンセンサス形成の可能性を探ったが、消極派のメンバーは意見を変えず、合意を得るのは困難な状況が続いた。

実は本件は、以前にもIAIS内で議論されたが、一部のメンバーの反対で国際基準づくり開始の提案が採択されなかった経緯がある。一方、AIG危機後、個々の保険監督当局に限らず、FSBからも、親会社を含む保険グループ全体を直接監督する枠組みに関する国際基準を

ＩＡＩＳが策定することを強く期待されていたことから、事務局は粘り強く消極派のメンバーとの話し合いを重ねた。

　この話し合いによって、消極派は、グループ親会社に対する監督・規制を行う重要性を認識してはいるものの、当該国の法体系では導入にあたり極めて大きな制度変更が必要となり、現状では目途が立たないことが、主な反対理由であることがわかった。すなわち、グループ親会社を直接監督する権限が重要であるとの認識では消極派も意見を共有していた。

　ＩＡＩＳはコンセンサスで議案を決定するのが基本だが、そのような実情を鑑みると、残念ながら本件は議案の微修正といったレベルの対応でコンセンサスを求めるのは難しい。こうした場合は多数決で決定する旨が、ＩＡＩＳ規約に規定されている。ＡＩＧ危機の実例や、メンバー国のほとんどが国際基準の導入を望んでいるとの調査結果から、ＩＡＩＳとして基準を策定すべきなのは明らかであった。

　多数決でものごとを決めるのは極力避けたかったが、ここで決定できなければ、ＩＡＩＳの国際基準策定主体としての存在意義が問われる。そこで、グループ親会社を直接監督する国際基準をＩＡＩＳが策定すべきという提案に関し、賛成と反対のそれぞれの理由を併記してどちらを取るかを選択するようにという簡潔な提案文書を用意し、執行委員会メンバー全員に配布した。執行委員会議長と事務局で議事進行の準備を入念に行い、議論が平行線になったら採決を取ることを決めていた。執行委員会の会議では、予想通り、少数の反対派と大多数の賛成派に分かれ、議論が平行線を辿るようになった段階で、議長が裁決に移り、多数決でＩＡＩＳはグループ親会社を含む保険グループ全体を連結ベースで保険監督者が直接監督する国際基準を策定することを決定した。

国際基準策定主体の策定する国際基準は、国家間の条約と異なり、その履行を各国が義務付けられるわけではない。そのため、全参加国が基準の履行に真剣に取り組むためにはコンセンサスに基づく決定が望ましく、多数決による決定は基本的に避けるものである。多数決に至る場合は、そうせざるを得ない状況にあるか否かの判断が極めて重要となる。グループ親会社を直接監督することに関しては、ＩＡＩＳ外からもその速やかな基準策定を強く要請されており、策定できないとなるとＩＡＩＳの存在意義に関わるという状況があったため、多数決という方法が選択されたわけである。

金融危機の教訓もあり、消極派も含めすべての国に必ず恩恵があるはずと思える本案件のような場合、多少荒療治かもしれないが、時機を逸することなく多数決で決めることがあって然るべきであろう。消極派が反対する理由や周辺の状況を理解し、最適解を探すことが望ましい。本件の場合には、**消極派が最後まで反対の立場を示したと国内的に示せる必要があり、ＩＡＩＳは組織として適時に意思決定できることが重要だった。**結局、国際基準の導入に消極的であった当局も、この決定後に国内で保険グループ親会社への直接監督を促進するようになった。

優れた解を共に見つける

このように国際社会での多様性から価値を生み出す基本は、**互いを理解して、より優れた解を一緒に考え、見つけ出すこと**である。そのために、目的（理念）を共有して、まずはつながり、相手のいいたいことを偏見なく純粋に聴き、明確に自分の意見を伝える。会議場では簡潔な発言を心がけ、皆が発言できるようにして議論をする。加えて、正確な情報を集めたり、客観的な状況を調べたりするのは、議論を補強するのに重要だ。

議論が出尽くしてお互いの理解が深まったにもかかわらず、どうしても合意に至らなかったら、ルールと状況が許し、すべての参加者に究極的には恩恵があれば、多数決で決めることも選択肢とする。このような国際会議の議論の仕方は、国際会議に留まらず、多様性から価値を生み出す過程として、他の組織や議論にも参考になるものであろう。

コラム

Unity in Diversityを醸し出す場　バーゼル

●バーゼルとの出会い

バーゼルはスイスの北西の端にある、フランスとドイツの国境に位置する人口約20万人ほどの街で、美しい旧市街を歩くと中世に戻った雰囲気になる。駅の裏手を少し歩けば綺麗な草原が広がり、街の周りは森に囲まれている。筆者がはじめてバーゼルを訪れたのは、1997年夏。IAISの会議がバーゼルのBIS内で開催されたためだが、素晴らしいBISの会議場、懇親会で訪れたバーゼル郊外の自然に囲まれた美しいBISのスポーツクラブ、会議後散策して心休まるライン川のほとり等、夢のような場所での国際会議を体験した。

●BISとは

BISは1930年に設立され、本書執筆時点では世界中の63の中央銀行が加盟し、国際協調を通じて金融と通貨の安定に貢献することを目的とした国際機関である。スイス・バーゼル中央駅を出て中央広場に立つと右手にみえる、18階建ての円筒形のユニークな形をしたビルが

夕日に染まるスイス・バーゼルの草原

BIS の本拠である。FSB、バーゼル銀行監督委員会（BCBS）、IAIS も BIS 内にその本拠を構えており、国際金融基準策定のメッカともなっている。

BIS では世界中から集まった中央銀行や金融当局幹部の国際会議が、絶え間なく開催されている。あまり知られていないが、保険原理である大数の法則は、1713年にバーゼル在住で数学家のヤコブ・ベルヌーイ（Jacob Bernoulli）が証明した。すなわち、バーゼルは保険原理の発祥地ともいえる。しっとりと落ち着いた旧市街では、原理や原則を議論し、練り上げてきた偉大な先人たちの息吹が今も感じられるかのようだ。金融の国際協調や国際基準づくりの土台は、人の出会いであり、バーゼルの BIS はまさに中央銀行や金融当局者幹部にその出会いの場を提供しているのである。

●BISという場

国際会議は、様々な案件を議論し、理解を深め、決定をすることが重要なのはいうまでもないが、それと同様に、あるいはそれ以上に重要なのが、会議以外の場である。そこでお互いが公式な場を離れて知り合い、親睦を深め合うことが、国際交渉がまとまる土台となる。

バーゼルでの会議は朝のコーヒータイムから始まる。それによって参加者同士はまず旧交を温めたり、あちこちで開かれている歓談の仲間の輪に加わったりする。これが会議のウォーミングアップともなる。ランチやコーヒーブレイクも重要だ。会議中には聞きにくい発言の背景や、隠された真意などを確認するのに有効である。あるいは意見が割れた場合、会議全体で話し合ってもまとまりにくいので、最強硬の推進派・反対派同士だけでの意見調整を行うためにも、コーヒーブレイクは好都合だ。夕食会ではゆっくり時間が取れるので、参加者同士が日中の議論を超えて、お互いを知り合う機会となる。BISはそのような理想的な環境を提供する。

会議室の集まるBIS本部の2階では、会議室の外にコーヒーや軽食を提供できる広々としたスペースがあり、気楽に話すためにソファがいくつも設置されている。バーゼル全体が見渡せる18階の展望スペースや1階にある広々としたレストランでは、美味しい昼食を取りながら会話や議論が進む。さらに、郊外のBISのスポーツクラブでは、スポーツを楽しんだり、豊

バーゼル銀行監督委員会やIAISが
入るBIS（スイス・バーゼル）

かな自然のなかでの夕食会を開催したりすることができる。

たとえば、ＢＩＳで開催された会議で筆者は、ニューヨーク連邦準備銀行のティム・ガイトナー（Tim Geithner）総裁（当時。その後は金融危機時のアメリカの財務長官）と隣同士となった。話が合って、スポーツクラブで何回かテニスをした。また同じ会議に出席した当時の日本の代表の方々とも、会議の振返りも兼ねてテニスをしたりすることがあった。このようなことができるのはＢＩＳならではであろう。

さらにＢＩＳの魅力は、前述の通りＢＩＳ内にＦＳＢ、バーゼル銀行監督委員会、ＩＡＩＳの事務局が同居していることである。BISは職員が約600名と、国際通貨基金や世界銀行と比較するとはるかに小所帯で、多くの職員はバーゼル市内かその近郊に住んでいるので職員間の交流も深い。たとえば、氷見野良三氏がバーゼル銀行監督委員会事務局長に就いていた当時は（その後、金融庁長官。現在は日本銀行副総裁）、時折食事を共にし、事務局の運営や金融規制等について気楽に意見交換ができた。スヴェイン・アンドレセン（Svein Andresen）元FSB事務局長とも昼食を共にする機会が多く、このような交友関係はバーゼルの生活に潤いを与えてくれた。世界金融危機の際に、FSB・バーゼル銀行監督委員会・IAISが一致団結してG-SIFIs（Global Systemically Important Financial Institutions：グローバルなシステム上重要な金融機関、いわゆる“Too big to fail”）の問題に取り組み成果をあげられたのは、実はこのような事務局員同士の強いつながりがあったため、それぞれの内部で進んでいる議論の調整がしやすかった点も寄与している。

第 5 章

顔のみえるリーダーに

日本でサラリーマンをしていた筆者は、29歳まで海外とは縁がなく、リーダーとしての経験がほとんど皆無だったものの、同志と国際機関をゼロからつくりあげ、15年間経営責任者（事務局長）を務めた。こんな経験をした人は世界でもめったにいないだろう。本章では、筆者の国際機関設立と統率の経験をもとに、古今東西に通じるリーダーシップについて論じる。筆者もはじめは未熟なリーダーだったが、周囲からのサポートやフィードバックに助けられ、厳しい局面も乗り越えることができた。筆者がその過程で学んだ、リーダーにとって重要な要素について考えていきたい。

リーダーシップの3原則

文化の違い、思想の違い、人種の違いなど、様々な違いはあれど、それらを超えて共通するリーダーシップの原則がある。では、普遍的な**リーダーシップの原則**とは何だろうか。

それは、次の3つに集約できる。

- **個人として情熱を持ち、組織としての理念を体現する。**
- **仲間を尊重し、最高の力を発揮する挑戦の後押しをする。**
- **自分を修めてこそ、人を治め組織が発展する。**

情熱を持ち自分が輝いてこそ、理念を核に仲間が集まる。仲間を尊重し励ましてこそ、彼ら彼女らは素晴らしい力を発揮する。自分を磨き修めてこそ、仲間が共感し組織が成長する。ここでいうリーダーシップとは、組織全体をリードすることに限らず、プロジェクトや課題等を仲間と成し遂げる力を指す。このようなリーダーシップは誰でも学べ、誰もが発揮できる。そしてそのようなリーダーシップを発揮するために、我々が日本で受けてきた教育や培ってきた経験は十分土台として役立つと思う。

ここから、それぞれの要素をみてみよう。

《個人として情熱を持ち、組織としての理念を体現する》

リーダーシップは自分自身から

リーダーシップを発揮し、組織をリードする原点は我々自身にある。リーダーシップとは、組織を通じて何かを成し遂げたいという我々自身の強い希求の発露であり、理念、使命感、情熱といった我々自身の強い思いが、リーダーシップの原点である。あらゆるプロジェクト、製品、サービス、組織の始まりは我々の可視化できる思考、すなわち実現したいものが自分の頭のなかではっきりとイメージとして描けることであり、情熱によってそれらを具現化し、実現する。

登山にたとえれば、どうしても登りたい、登らなければならない山が目の前にある、というのがリーダーシップの始まりである。そもそも、我々自身にそのような気持ちがなければ、どうやって他の人をリードし、思考を具現化することができようか。

ＩＡＩＳ（保険監督者国際機構）も同様に、我々の思考から生まれた。「保険の国際組織をつくろう」という志や情熱を共にする者が集まって議論し、数年の議論の結集として、１９９８年にＩＡＩＳ事務局が創設されたのである。その設立後、金融規制の柱となる国際基準を策定してきたが、それもまず我々の思いや情熱があり、それが形となって実現したものなのである。

自分自身のなかにその思いがなければ、何も始まらないし、仲間も集まらないし、何も実現しない。すなわち**自分自身のなかにある思いがリーダーシップの原点**である。このようなリーダーシップは新しい組織をつくる時ばかりではなく、今の組織のなかで何かやりたいことを実現する場合にも当てはまる。

自分の思いから仲間と共有する理念へ

自分自身と仲間の思いを具現化するためには、共有する思いを理念として昇華し、明文化する必要がある。第3章でも詳述したように、ＩＡＩＳでは理念が組織と活動の基盤である。理念がなければ組織が成り立たず、理念の共有化ができていなければ組織運営ができなかっただろう。**理念を明文化し共有することによって組織が1つにまとまり、組織の活動が決まり、組織の文化が形成され、組織の規範が生まれ、重要な決定の拠り所ができ、活動の優先順位が決まる。**理念のおかげで職員の組織に対する誇りや忠誠心（commitment）が生まれ、素晴らしい力が発揮される。

理念に基づいた経営は、国際機関や非営利団体のみに限らず、すべての組織にとっての土台であり基盤である。いかなる組織でも、変化する社会のなかで、人々や社会に貢献することをステークホルダーから要請されている。その時最初に行うべきなのは、「何を、なぜ、誰のために為すのか」という根源的なことをすべてのステークホルダーと理念として共有し、再確認することである。

そのためにリーダーがまず為すべきは、すべてのステークホルダーが納得できる理念を明文化し、機会あるごとに心から理念を唱え、仲間との対話を通じて組織の構成員一人ひとりに浸透させ、理念を確固とした組織文化とすることである。

では、情熱と理念という原点の次にくるものは何か。そこからどうやってリーダーシップを発揮し、経営者として組織を率いて事を為すのであろうか。

「組織は人なり」――。これは古今東西に通じる理《ことわり》である。リーダーの役割は、**仲間を理解・尊重し、価値ある目標に共に果敢に挑戦し、皆の潜在能力を開花させ、目標を達成することにある。そのため、どうやって仲間と接するかは、リーダーが最も気を配るべき点の1つ**である。

《仲間を尊重し、最高の力を発揮する挑戦の後押しをする》

罷免の危機

ＩＡＩＳの運営初期は、皆が情熱に燃え理念を共有し、組織は順調に成長していったが、２００８年に世界経済に大打撃を与えた金融危機を迎える。そのきっかけの１つが世界中で保険事業を展開する保険会社ＡＩＧのリスク管理の甘さにあったことから、ＩＡＩＳが新たな挑戦を受ける。国際的な保険監督基準を策定するＩＡＩＳに対する期待が飛躍的に高まったのだ。10人ほどの事務局員が、その数年後には30人近くに増え、２００以上の加盟国と共にＩＡＩＳの活動を支えることとなった。ＩＡＩＳは、加盟する約３万人の保険監督者、さらには世界の保険業界に影響力が及ぶ強大な組織となった。

ところが、深刻化する金融危機によりＩＡＩＳがチャレンジの時を迎える前年、筆者自身が危機に陥っていた。当時、執行委員会の副議長であるアメリカ代表が、筆者を事務局長として不適任と判断し、その交代を他の執行委員会メンバーに提案したのだ。ＩＡＩＳ事務局長とは会社組織でいえばＣＥＯであり、その任命、罷免の権限は主要国の監督当局の幹部で構成される執行委員会（会社でいえば取締役会）にある。執行委員会はその提案を保留とし、すぐには合意しなかったが、翌年にはこの副議長が議長に就任する予定であった。そうなれば筆者は罷免されることが予想された。当該副議長の筆者に対する評価は、次の通り要約された。

・組織を代表する顔としての対外的な振る舞いがない。

・組織の戦略策定、実行へのイニシアティブがない。

・リーダーとして事務局の統率ができていない。

自分のやってきたことが評価されていないと知り、絶望的に落ち込んだが、2、3カ月して頭が冷えてくると、冷静にその評価を分析できるようになった。確かに彼の評価は、筆者の弱点をついていた。執行委員会の議長に多くの対外的な業務を任せ、組織の顔としての機能を果たしていなかった。また、執行委員会へ参加する加盟国メンバーの代表は各国の保険規制当局のトップであるため、彼ら彼女らの意向に気を遣いすぎ、組織の方針や戦略に関して自分なりのリーダーシップが発揮できていなかった。そして、組織のリードの仕方がIAIS運営初期のままで、組織のあるべき姿を自分では描いているものの、一緒に働く職員にそれを十分共有せず、それぞれの自主性に任せ切りであった。

そこで、次の3点を目標とし、ひたすら実行していった。

① 重要な講演は自ら引き受け、IAISの知名度を高める。

2014年のフランス保険協会年次会合
（左から、AXA CEOのアンリ・ドゥ・キャストゥル（Henri de Castries）、筆者、FSB事務局長のスヴェイン・アンドレセン（Svein Andresen）、ジュネーブ協会事務局長のアナ・マリア・ドウィスター（Anna Maria D'Hulster）。肩書は当時）

② 先見性を持ち、組織の方針や戦略を策定し、優先順位をつけて実行する。

③ 部下にはトップダウンで組織の目標を共有し、その実施をフォローアップする。

金融危機が深刻化した時にも、幸いなことにこうして自ら定めた目標達成に向けた取組みで既に組織が安定し、体制が強化されていたため、筆者を罷免する話は立ち消えとなった。2008年から2014年にIAISは飛躍的に成長し、金融機関に直接大きな影響を及ぼす国際基準を速やかに確立するなど、様々な成果をあげることができた。この時代は、明確で大きな目標を定めたことから、その達成に向けて、仲間や組織を精力的にリードしてきた。登山でいえば、嵐のなかから険しく高い山を見つけ、何が何でも登頂するために、仲間に筆者についてくるよう厳しく求めていた時期といえるだろう。

トップダウン型の限界

しかし、金融危機対応から一段落すると、再び、このリーダーシップのあり方では通じなくなっていることに気が付いた。忘れもしないのは2014年。それまでの施策の成果が次々と実を結び、自信を持って組織をリードしていた、つもりであった。ところがこの年、筆者を対象に部下からの360度評価を実施すると、その結果はこれ以上ひどいものはないと思うほど最低だった。

360度評価は執行委員会が筆者の評価に使うもので、回答はIAIS事務局員から執行委員会議長へ直接送付される。その時の部下たちからの評価は「(筆者の)ひどいリーダーシップにもかかわらず、我々事務局員はよくやっている」に始まり、「高い目標ばかり決めてきて部下に対する関心や配慮が全くない」「肝心な時にいつも不在である」「特定の分野へ関心が偏って、組織全体をみていない」などだった。それを受けて、執行委員会からも「リーダーとしての資質に問題あり」と厳しい追及を受けた。

なぜこんなひどい評価を受けるのか、問題があればなぜ自分に直接いってこないのか、といったことがわからず、ひどく落ち込んだ。だが、組織を冷静にみつめると、自分がひたすら国際基準づくりという目標達成のみに集中し、一緒に働く職員をその手段としてしかみていなかったことに気付いた。

筆者の考えは大きく変わった。一緒に働く職員は目的を遂行する手段ではなく、心と感情を持った、尊重すべき人間であり、組織は仲間がいるおかげで動いている。目標達成にのみ集中して職員に指令を与えることは、一時的に成果があがっても長続きしない。そして、**リーダーの責任は優先順位の高い分野だけに全力を尽くすことではなく、仲間とつながり全体を把握して目標を立て組織の態勢を整えることにあるのだ**と気付いた。問題が起きている原因は何よりリーダーである自分にあり、まずは自らが変わらなくてはならないことを強く認識した。これはその当時出会った、ＩＭＤ（スイスのローザンヌに拠点を置くビジネススクール）の教授であるジョージ・コーリーザー（George Kohlrieser）の提唱した、「セキュアベース」（Secure Base：心の拠り所）といわれるリーダーシップからの影響が大きい。

セキュアベースとは、著名な心理学者であるジョン・ボウルビイ（John Bowlby）とメアリー・エインスワース（Mary Ainsworth）が展開した愛着理論に基づいている。この理論の前提は、人は生まれつき、守られている感覚を提供してくれる人がいると、安らぎが生まれ、新たな挑戦をする心の安定と自由を与えられるというものだ。そして、「精神が安定し、自分の与えられた機会を有効に活かす青少年や若者たちは、子どもの自立を促しながら必要な時には助けの手を差し伸べる両親を持っている」という研究結果をコーリーザーがリーダーシップのあり方に応用し、体系化したものである。

いわば、**仲間と絆を築き、その高い価値を認め、安心感と守られている気持ちを与えながら、その潜在力を見出し、挑戦を促進するようなリーダーシップである。**セキュアベース・リーダーになれば、フォロワーと「心でつながること」により、果敢に未知の挑戦に挑ませることができるのだ。登山でいえば、仲間が崖を登るのを、命綱をつけて下から支えるようなリーダーシップのあり方である。筆者は、ここから次のいくつかの点を特に意識して、自身を変え、組織を変えていった。

仲間を尊重する

事を為す組織とするためには、**すべての職員が他の職員を尊重しつつ、組織の理念や目標を共有し、業務を通じて成長を実感していくことが重要である。**そのために筆者は、理念とそれに基づく活動計画を事あるごとに伝え、議論しながら浸透させると同時に、個々の業務分担、評価について、一人ひとりを尊重したものに改善していった。職員それぞれが達成したい目標や取り組んでみたい分野をマネジャーとじっくり話し、できる限り本人の潜在能力が発揮されるような分野で、自らの意思で高い目標に挑戦するように改めた。

この時にとりわけ時間を割いたのが、「それぞれの職員が本当に何をしたいのか」「最も価値を置いているものは何か」「どんな時に生きがいを感じ、達成感を感じるのか」「情熱を傾けられるものは何か、夢は何か」を質問して聴くことである。仕事に限定せず、家族や趣味でも何でもよい。そのような対話を通じて、皆への理解が一段と深まった。自分が価値を置くもの、生きがいを感じるものの話をする時は、皆、活き活きとしている。そしてそのような話から、**今の業務でその興味や価値を置くものを活かして何ができるか、あるいはＩＡＩＳという組織のために何ができるか、何がしたいかを対話することとした。**このような対話は、仕事を「与えられたもの」

ではなく「自分のもの」として再定義する機会を提供してくれるし、ＩＡＩＳという組織で一人ひとりの職員が何ができるのかを共に考える機会にもなる。対話には熱が入り、その内容がはるかに深くなった。

このような対話を始めてしばらくすると、何人かの職員は見違えるような活躍をするようになった。たとえば、資本規制を担当していた職員は、スーパーマンのように資本規制基準を短時間で他の仲間と協力してつくり出した。また、規制基準の履行業務を担当していた他の仲間は、他の国際機関とのネットワークを確立し、そのおかげでＩＡＩＳの基準が飛躍的に新興国に普及した。さらに、内部管理を担当していた職員は、急成長していたＩＡＩＳ全体の管理を完璧に行い、組織の土台のような役割を果たすようになった。ＩＡＩＳが、仲間と共に事を為す組織に変革していった。

仲間を尊重するという原則は、職員全員が共有すべきものだ。そこで、採用基準や人事評価においても、従来重点を置いていた知識、経験、実績等に加えて、**「同僚を尊重して業務をやり遂げる」**という資質も加えた。

ある時、こんなことがあった。秘書を務める職員が筆者のオフィスに泣きながら入ってきて、「同僚からひどいことをいわれた」と訴えた。訴えられた職員は優秀で仕事熱心だが、単刀直入な物言いをしてしまう。筆者が間に入り、訴えられた職員は泣かせた職員に詫びて一件落着した。訴えられた職員は「うちの国ではこういったいい方が普通なのに」とこぼしていた。実際にそうなのかもしれないが、筆者としては無視できない問題だった。文化の異なる同僚のいる職場では感情的な対立が時折起きる。以前なら、時間が解決するだろうと放置していたが、同僚の尊重が最重要だと気付いてからは、問題が起きるとすぐに解決を図るようになった。

採用にあたって、知識、経験、実績等は比較的簡単に評価できる。難しいのは、「仲間である同僚を尊重して業務をやり遂げる」という資質をどうやってみるかだ。そのため採用面接では、チームワークで過去に失敗した事例や成果をあげた事例を詳細に聴いたり、具体例を提示してその時にどう行動するかを面接官が質問し、それに答えてもらったりすることに十分に時間をかけた。この採用方法の改革により、事務局のチームワークが見違えるようによくなった。

「指令するだけで、我々を人としてみていない」

筆者は、リーダーとして職員に正しい目標を与え、その目標管理をするのが最も重要であるとし、職場では目標達成に向けて集中すべきで、個々人の感情や仕事以外のことは話すべきではないと考えていた。また大多数の職員は、直属の上司であるそれぞれのマネジャーがマネジメントを担当するのであるから、筆者は気にかけてもいなかった。体調が悪い職員がいても、自己管理ができていない本人の問題であると考えていた。

そんななか、ある職員から次の言葉をかけられた。

「あなたは指令するだけで、我々を人としてみていない」
(“You are transactional and give only orders. You do not see us as a person.”)

ショックだったが、同時にどうしてこんなに批判的なのだろうかと純粋に尋ねてみたかった。そこで事務局員35人全員と1対1で、朝・昼の食事か、お茶をして対話する機会を設け、それを定期的に行った。

皆のことをできるだけ知ろうと、主に聴き役となった。聴く時は上司として聴くのではなく、特に議題を決めず、本人の感情や気持ちがわかるように心がけた。仕事の話もするが、本人の現在の様子、体調や家族のこと、最近の生活等も話題にした。そして**相手の気持ちが直に感じられるくらい真剣に聴く**ことにした。筆者自身の仕事の優先順位を見直し、それまでは年間の半分以上出張をしていたが、可能な限り出張を減らし、皆と対話ができる環境をつくった。その際、その対話で直属の上司であるマネジャーが知るべきことがあれば、対話の後に彼ら彼女らに伝えた。

このような対話を1人につき2～3カ月に1回、定期的に行った。直属の部下である事務局次長とは特に綿密に対話をした。そしてすべてのマネジャーが、筆者が実施しているのと同様に、彼ら彼女らの部下と直接の業務以外で定期的にこのような機会を設けるようにした。

対話の重要性を発見したのは、筆者のリーダーシップ経験のなかで何ものにも代え難い宝物だ。皆と1対1の対話を始めて、1年ほど経過した時のことだ。目覚ましく活躍していたある職員が、ある時期から急に元気がなくなり、仕事にも身が入っていない。気になって聞いてみると、彼の家庭に危機的な問題が生じていることがわかった。すぐに彼の担当のマネジャーを呼び、皆で話し合い、一定期間彼の業務を軽減し、その問題を解決できる時間を設けることとした。

数カ月後、彼はその問題を乗り越えてパフォーマンスは戻り、再び活き活きと仕事をするようになった。対話をしない以前のままの筆者であれば、「目標を達成しろよ」（"Make it happen."）と一言声をかけていただけだったに違いない。そしてその後、彼の直属の上司であるマネジャーが目標未達成の理由を詰問していただろう。そうなれば、彼のパフォーマンスが戻ることはなく組織を去ることになっていたかもしれない。

厳しい判断をする時も、職員との対話や意思疎通は不可欠だ。ある優秀な保険の専門家である職員の雇用契約を、本人の延長希望が強いにもかかわらず、延長しない判断をしたことがある（国際機関の多くは数年間の雇用契約を最初に結び、それを延長する）。これもその職員との意思疎通ができていたからこその判断だ。

その職員は保険の知識は非常に優れており、分析や文書の作成能力は申し分ないのだが、それだけが事務局の任務ではない。その専門知識や文書をもとにメンバーと協力し、サポートして、共にプロジェクトを成し遂げるところまでが事務局の責務である。しかしながらその職員はメンバーのサポート業務ができない。この点について何度かの対話を通じて、我々として為すべきことについて話し合い、繰り返しフィードバックもしたが、本人の業務をみると本人にその意欲がないことがはっきりわかり、筆者は雇用契約の延長をしない判断をした。

対話や意思疎通ができていないと、そのような判断がしにくいし、またそのような判断をした場合でも相手の納得感がなく揉めてしまう。この時は、延長なしという結果にはなったが、双方が納得したうえで契約を解消することができた。

これらの事例が示すように、対話の重要性は強調しすぎるということはない。対話により、お互いの顔がよくみえるようになり、相手の本質、価値、感情、考え方、気持ち、好みがわかる。

わかり合うと絆が生まれ、信頼関係が築け、それが組織全体に広がり、職場の雰囲気が変わっていく。職場の風通しがよくなる。筆者の場合、対話を続けたことにより、全体がみえ、安心感が生まれた。対話によって、筆者自身の役割は組織全体の一部であり、実際は多くの職員の仕事によって組織が動いていることに気付いた。そしてリーダーとしての重要な役割は、**一緒に働く職員のことを考え、尊重し、その後ろ盾となり仕事がしやすい環境をつくりつつ、その力が発揮できるように挑戦を促すこと**であるとわかってきた。

正しく優先順位をつける

世界中73カ国の2300企業の社員を対象にしたギャラップ社のアンケート調査（2016年）によると、多くの企業（85％）においては、勤務する企業への愛着（engagement）が低く、それが企業の業績を伸ばすうえでの大きな阻害要因になっている。そして組織への愛着が低い最大の理由（70％）が、直属の上司であるマネジャーと信頼関係が築けていないことにあるという結果が出ている。ではなぜ**マネジャーは対話をし、信頼関係を築く努力をしないのか**。

この結果について色々な組織のマネジャーと議論すると、往々にして「忙しくてなかなか時間が取れない」と答える。しかし、忙しいからこそ話すべきである。**忙しいと会話が目先の仕事の伝達のみで終わってしまい、結局、職員同士がお互いのことがわかり合えないまま、職場が作業場と化す。仕事への意欲や楽しさが消え、パフォーマンスにも悪影響が出る。忙しい時だからこそ、わずかな時間でも見つけ、対話をすべきだ。**

さらにいえば、なぜ忙しいかを冷静に分析する必要がある。**リーダーの責任は、仲間を支え、その潜在能力が開花するように機会を与えることなのだから、リーダーはその任務を優先すべきである。**しかし概して、目の前の業務や目標達成に向けてのみ集中し、または、業務の詳細に関わりすぎて、肝心の一緒に働く職員との対話の時間が取れていない。あるいは、自分が今までやってきたこと、リーダーとなる前までに成果をあげて評価されてきたことを引き続き最優先にしているために、一緒に働く職員のことがよく把握できず、組織がまとまらないという事態に陥る。

対話を始める以前の筆者がまさにその例で、メンバーや利害関係者との調整や対外関係者との連携のために年の半分近く出張し、事務局の職員と話す機会がほとんどなかった。筆者の経験からすると、優先順位を見直し、一緒に働く職員との対話を増やすことで、結果的には組織ははるかに安定し、発展していく。筆者への360度評価の内容も変わった。批判的な内容が消え、辛口の職員からも「彼もやればできる」という評価をもらった。拍子抜けしたが、改革が皆から評価されている証としてありがたく受け止めた。

挑戦を促す

このように仲間を理解し、支えることがリーダーには必須であるが、そればかりでは個々人も組織も伸びない。ここがバランスの取り方の難しいところだが、安心感のなかで既存の業務を繰り返すだけでは、人も組織も停滞してしまうのだ。**難しい挑戦に果敢に挑む環境をつくり、人と組織の潜在能力を開花させるのがリーダーの不可欠な役割だ。**安易な保護は、本人や組織の成長を妨げてしまう。

ＩＡＩＳが国際的に影響力のある国際機関となってから、ある人事案件で判断を迫られたことがある。事務局の幹部ポストが空き、後任を採用することとなった時のことだ。以前、そのポストにいた幹部が数カ月不在になったことがあったのだが、その間、幸いにもチーム内の優秀な職員がその幹部の業務を問題なくこなしてくれた。そうした経緯もあり、後任の採用方法には次の2つのやり方が考えられた。

① **幹部の業務をこなしてくれたその優秀な補佐役を内部昇進させる。**
② **そのポストを公募する（もちろんその優秀な補佐役も応募できる）。**

筆者は悩んだ。その補佐役は優秀でチームワークも優れ、また筆者とも親しくしており、彼に任せたい気持ちが強かった。彼自身も自分がその幹部のポストにつくものだと信じていた。しかし、筆者はそのポストを公募で募集することとした。果たして、その補佐役は大いに憤慨した。公募に応募しても選ばれなかったらＩＡＩＳを去る可能性もあったが、筆者は方針を変えなかった。そのポストは組織の中核であり、内外を問わず最も相応しい人物が就くべきで、彼がそのポストに最も相応しいのであれば、それを公募の過程を経て公に証明すべきだと考えた。もちろんその補佐役は幹部の任務を果たす能力は十分あるが、それ以上の候補者がいたら、その人を採用するのが組織のためだ。またそのような正式な過程を経ずに彼が選ばれたら、彼自身のためにもならない。もし彼が他の候補に敗れＩＡＩＳを去っても、彼なら他の組織でも活躍するとも確信できた。そして、憤慨している補佐役に筆者のこの考えをはっきり伝えた。

採用過程では、内部候補だからといって甘くならないよう外部の面接官を複数入れ、客観的に判断ができるようにして、何回かの厳正な面接を実施し選考した。最終的に、彼は優れた多数の応募者のなかから勝ち残り、幹部として採用されてその後ＩＡＩＳで目覚ましい活躍をした。今はある国の政府幹部となっている。振り返ってみて、安易に内部昇格をしなかったこの採用方法は間違っていなかったと思う。

支援を約束する

仲間を尊重することの大切さに気付いてから、**研修の位置付け、内容や予算も大幅に強化した**。国際機関の雇用形態は、多くの場合、任期付きで職務記述書（Job description）の定まった、いわゆるジョブ型である。数年ごとに担当を代えて様々な職務を経験するいわゆるメンバーシップ型ではなく、終身雇用でもない。

ＩＡＩＳの雇用契約は通常3年間で、最長8年で契約が終了する。ジョブ型の雇用形態では多くの人が相当の頻度で入れ替わる。このような契約形態では、**短期的な視野で業務の成果のみを期待するアプローチが取られがちだ。しかし組織が持てる力をフルに発揮して活き活きと活動するためには、個々人が学び、成長し、輝く組織であるべきだ**ということを、筆者は失敗を重ねながら学んだ。即戦力となる人材を採用し、任期終了まで担当範囲を任せて仕事をしてもらうだけでは、優秀な人財は集まらず、育たず、士気も高まらない。そもそも優れた組織文化が育たない。

任期付きの採用だからこそ、役職にとらわれず、皆が学び合い、さらにすべての職員が職場内外で学べるよう研修の機会を増やし、環境を整備することに尽力する。キャリア形成は各自の自己責任であることを明確にしつつ、仕事を通じて皆が成長できる環境を整備し、リーダーが後ろ盾となる。契約延長をしない場合は十分な時間的余裕を持って伝え、現在の業務に留まらず契約終了後のことも考えてサポートする。

契約終了のことを、我々は「卒業」と表現した。卒業の迎え方は人それぞれであるが、リーダーはそれぞれの職員の卒業までサポートすると約束する。

各自の能力を伸ばすための様々な工夫をした研修プログラムを用意するとともに、各職員が今後自分の伸ばしたい能力を考え、マネジャーとの相談のうえ、進んで適した研修が受けられるように改善した。このような環境をつくるのに役立ったのは、対話や研修に加えて、**コーチング**だ。マネジャーは組織の要であり、部下への影響も大きいため、マネジャー一人ひとりに外部のコーチをつけて、コーチングを受けてもらうようにした。これは筆者自身、コーチとの対話が大変有益だと思った体験があったからだ。

ある時期、筆者は事務局内の核となる仲間との人間関係に非常に悩んでいた。お互いの信頼関係が崩れ、話がすれ違ってうまくいかない。何とかしたいのだが、埒が明かない。その時にコーチとの対話はありがたかった。コーチと定期的に会話をし、自分の置かれた状況や課題を説明した。コーチはそれを理解し、共感し、適切な質問によって、筆者が優れた解を見つけるのを手助けしてくれたのだ。対話によって自分の考えが冷静に整理でき、信頼関係の崩れた相手の気持ちが読み取れ、自分のすべき行動がみえ、冷静に対処できるようになった。

1人で悩むより、優れた聞き役がいる方が、はるかに頭が整理されて行動も容易になる。もちろん、上司がコーチ役として、部下の成長を助けるのが基本ではあるが、自分の悩みや課題にかかる本音は、直属の上司にはなかなか話しにくいものだ。実際、筆者の場合、多くの難しい課題は1人で悩み続けることが従来は多かった。これは、多くの課題が職場の人間関係の問題であり、プライバシーの観点から周りの仲間には話せないためであったが、プロのコーチは守秘義務を厳守し、心理的安全性が確保されているため、悩んでいることを素直に相談できるようになった。

フィードバックは贈り物

フィードバックとは、お互いの素晴らしい点やもっと伸ばしたらよい点、改善した方がよい点を、相手に敬意を払いつつ、気が付いた時には率直かつかしこまらずに述べることだ。ＩＡＩＳではフィードバックは贈り物（feedback is a gift）といって、上下関係にこだわらずにフィードバックをし合った。自分の苦労した点などが誰かに認識されるとますますやる気になるし、気付いていなかった改善点を指摘してもらうと、成長の糧となる。優れたフィードバックは、自分の本当の姿を知らせてくれる。自信につながり、飛躍のヒントともなる。

筆者自身を振り返ってみても、前述の通り、筆者の弱点を指摘して、事務局長不適任とした執行委員会の副議長のフィードバックや、「あなたは指令するだけで、我々を人としてみていない」といった仲間のフィードバックがなければ、15年間もIAIS事務局長を務めることはできなかった。また、第2章でみたように、クヌット・ホーフェルド（初代IAIS事務局長）が筆者の可能性を信じてポストへの応募を勧めるフィードバックをしてくれなかったら、そもそも筆者はIAIS事務局長どころか、IAISで勤務もしていなかったと思う。フィードバックは我々の人生を好転させる魔法の杖のような力がある。

IAISではフィードバックを組織文化とすべく、筆者が皆にフィードバックを与えるとともに、筆者も皆からフィードバックを受け、またマネジャーも同様にその部下とフィードバックを与え合う体制を築いた。たとえば、会議が終わった時、その直後に運営の仕方について、皆で意見を出し合ったり、1対1の会話や面談の際にお互いにフィードバックし合ったりした。また、半年に一度は事務局員全員で、1日職場を離れてバーゼル郊外の緑に囲まれた会議室で、小グループに分かれて議論しフィードバックを与え合う機会も設けた。

フィードバックを与える際は、批判や忠告ではなく、先入観を持たずに無心で相手を観察し、相手のことを思って、誠意を持って率直に伝える。何か気付いたら、あまり時間を置かず、できる限り相手のよい点と改善点を両方伝えることだ。なお、よい点を伝えるのは無論大事だが、改善すべき点を伝えるのにためらうべきではない。本当にその人のことを思えば、伝えるべきだ。

他方、フィードバックを受ける時は感情を挟まずに、自分自身の1つの姿として冷静に聞く。反論はしないが、内容がわからない場合は質問をする。できれば何人かにフィードバックを受けるとよい。皆から似たフィードバックを受けたら、それは確かに他人からみた自分の特徴であるからだ。

リーダーがフィードバックを受けるのは、本人と組織の成長にとって極めて重要である。日本の多くの組織のように序列がしっかり定まっている場合、同僚や部下から率直なフィードバックを受けるのは難しいといわれる。しかし、難しいからこそ、リーダーは一層それを受ける努力をすべきである。

リーダーがフィードバックをもらうには、まず自分がそれを希望していることを仲間に明確にし、どのようなフィードバックでも感謝して受けることが必要である。特に改善点について伝えてくれた相手に感謝し、称賛し、高く評価する。社内で難しければ、外部の人に頼るのも手だろう。

中国史上、最高の名君と謳われる唐の太宗李《り》世民《せいみん》は『貞観《じょうがん》政要』のなかで、家来たちに向かって次のように述べている。

情を尽くして極諫《きょっかん》せんことを欲す。

（心を砕いて私を厳しくいさめてほしい）

彼は真摯に周りの意見を聞くことがいかに重要かを理解しており、厳しいフィードバックを求め、自分の弱さを熟知している敵の参謀、魏徴《ぎちょう》を諫言役として自分の参謀に迎え入れたことでも知られている。

フィードバックは受け手が聞く気持ちがなければ意味がない。特に重要なのが、**厳しいフィードバックを受けた時にそれをどう受け止め、どう向き合うか**である。厳しいフィードバックを受けると、受けた時はつらいが、後から振り返ってみると貴重でありがたいものである。できる限り冷静に受け止め、次につながる行動をすることが大切である。

改善点のフィードバックと同様に、仲間のよい点のフィードバックも誰もが躊躇なく行うべきである。何か仲間のよい点に気が付いたら、すぐに伝える。儀礼やお世辞で人から褒められても心に響かないが、率直で心のこもった賞賛やよい点に関するフィードバックは、受けた本人の心に響いて染み渡り、自信となり、力となり、その人の人生を変えるほどの力になる。

《自分を修めてこそ、人を治め組織が発展する》

苦闘する過程で潜在力が発現

国際機関を創設し長年統率した経験から体得したリーダーシップとは、斬新なアプローチというよりは、日本で培われてきたことの再発見である。振り返ると、日本で社会人生活をスタートした時、会社や省庁のそれぞれの配属部署で、直属の上司はもちろんのこと、周りの先輩が親切に教えてくれたり、厳しいが親身になって様々なアドバイスをくれたりした。セキュアベースがあり、安心できる環境のおかげで筆者は成長できたのだ。こう考えると、海外での経験を通して、日本の伝統的な組織文化のよいところを再発見したともいえる。優れたリーダーシップの要素の一つひとつは、日本人のリーダーが伝統的に心して実践してきたことである。そしてそれは古今東西に通じる原則である。誰でも学べ、実現できる。

そもそもリーダーシップとは、自分自身の潜在可能性を発現させることと密接不可分ではないだろうか。もともとリーダーの理念、情熱、人間性が確固で正しいものであり、それが十分に発現されているならばよい。そうしたリーダーのいる組織は成長し、目標は成就する。一方、筆者のような未熟者がリーダーとなると、前述の通り自分の弱さが明らかになるのだが、それを乗り越えようと様々苦闘する過程で自分の潜在力を発現させることができる。

たとえば突然、「首にする」と組織の決定権者からいわれる。「最低の上司だ」と多くの部下からいわれる。そのような時こそリーダーシップが問われる。すなわち**自分自身を素直に省みて至らない点を改め、より優れたリーダーとなるべく自分を磨き続けることがリーダーシップを発揮し、事を為す原点なのである**。儒教でいう「修己治人《しゅうこちじん》」は、自分を修めてこそ、仲間からの信頼を得て事が成し遂げられることを意味する。学び、成長する過程で、未知の自分を発見するという、何にも代え難い体験ができる。

変化が激しい時代だからこそ、我々は今、「理念と情熱」「仲間の尊重」「修己治人」の重要性を再認識し、変化に対応できるよう自己研鑽に励み続けなければいけない。

ＩＡＩＳ立上げから20年、ＩＡＩＳの事務局長として４期15年の任期を満了し、２０１７年11月にＩＡＩＳを卒業する時に、筆者のお目付役の執行委員会の議長２名（現職とその前任）から、筆者の20年のリーダーシップを総括して次のようにコメントがあった。

ビクトリア・サポルタ（Victoria Saporta）議長（イングランド銀行理事）

「彼は辛抱強く、内面の強さを持って一つひとつレンガを積み重ねるようにＩＡＩＳをつくりあげた。彼は純粋に人に興味があり、その温かさでＩＡＩＳに（職場というよりは）皆の集まるコミュニティを創造した。彼は自分が建てた家を（心温まる）家庭へとつくり変えたのである」

（He built IAIS as a house with patience and inner strength brick by brick. He is genuinely interested in people. Through his warmth, he has created a sense of community in the IAIS. He turned a house that he built into a home.）

フェリクス・フーフェルド（Felix Hufeld）前議長（元ドイツ金融庁長官）

「彼は独自のスタイルがあり、人々と交わる素晴らしい能力を持っている。彼のスタイルは柔道に似ている。強靭さと競争力、柔軟さをもちあわせ、結果を出す」

（Yoshi has tremendous capacity in interacting people with a unique style. His style is like Judo - a combination of tenacity/competitiveness and soft but result - driven way of doing things.）

仲間を尊重する筆者のリーダーシップを評価してくれたありがたいコメントである。

リーダーシップはまさに、皆で難しい山を登るようなものだ。その過程では、皆で協力し様々な経験をする。時には雨風に打たれてつらい思いもするが、美しい自然に囲まれ心が躍るような経験もする。そして、何とか皆で登り切った爽快感と達成感。これは何ものにも代え難い体験だ。そしてその充実感に囲まれているなかで、ふと気が付くと、目の前にまた登ってみたい山がみえてくる。

コラム

1500人の前で話すには――スピーチ成功の極意

●他人任せからの脱却

「IAIS の顔であるべきIAIS 事務局長という役職にいながら、内外に顔がみえていない」――。

執行委員会の副議長からの指摘は正しかった。筆者は多数の聴衆の前で話す経験はあまりなく、事務局長になっても講演や会議のリード役を執行委員会議長等、他の人に任せることが多かった。組織をリードする「顔」であるのに顔がみえない。確かにリーダーとして不適格であった。その指摘を受けた年の夏休みに、イギリスで2週間、コーチから1対1で特訓を受け、スピーチの基礎を学んだ。そしてその後は、講演、交渉等を他人に任せず、自ら受けることを心に決めた。

その決意からまもなく、国際保険数理人協会（International Actuarial Association）から講演依頼のメールが来たので、何はともあれ引き受けた。その後、正式の文書が来て驚いた。なんと世界中から集まる1500人の保険数理人（アクチュアリー）の総会で基調講演をしてくれとの依頼だ。保険数理人という専門家、しかも1500人を前に話すという大役。いまさら断れない。ともかくやるしかない。

●テーマとキーメッセージを決める

まず原稿をつくり始めるにあたって、「何を伝えるのか」をじっくり考えた。参加者は保険数理人であり、保険数理と関連のある保険規制の動向について関心が強いことは明らかだった。筆者は保険規制の国際的な動きについて詳しいので、その最新の動きについて紹介することと決めた。特に、その当時はAIG危機が発生し、保険業が金融の安定にどのように影響するのか、それをどのように規制に織り込むかが国際規制の最重要テーマであったので、その内容を話すこととした。そして、講演の結論として「金融派生商品等の保険以外の金融取引が金融安定に悪影響を及ぼす可能性があり、そこが規制の焦点となる」ことを伝えようと決めた。

●明快な台本をつくる

その当時、保険業と金融安定の関係については、金融監督の専門家の間では様々な論点が詳細にわたって議論されていたが、参加者が知りたいのは、詳細な議論ではなく規制の方向性とその基本的な考え方だ。

筋はできる限り明快にしてストーリーをつくった。わかりやすくするために具体例をあげて整理した。複雑な理論を簡潔に説明するのは容易でなかった。事実やデータを選りすぐり、IAIS内部の様々な議論がよく伝わるように筋を組み立てた。この作業は原石を磨き続け、宝石にするように、手間暇がかかる作業だった。

最後に、メッセージが視覚でも印象が強く残るように、適切なイラストや写真を盛り込んだスライドをつくって準備が整った。これで台本は完成した。

●練習を繰り返す

では、どうやって1500人の観客を惹きつけるか。

まずは、その台本を数えきれないくらい読み返した。毎日1時間で3週間ほど、20時間ぐらいはかけた。そうすると台本を読まなくても、自然と話せるようになり、心に余裕ができた。

次に、動作や声の抑揚、間合い等も意識して、役者が芝居の稽古をするように体全体を使って準備した。誰もいないのも寂しいので、事務局の仲間に何回も聞いてもらい、フィードバックを受け、さらに台本を練り直していった。

こうやって練習を繰り返すと、気分も表情にもだんだん余裕が出てきた。昔、小学校の学芸会で大事な役を任されて、ひたすら練習をしていた記憶がよみがえってきた。

●舞台が整う

会場は南アフリカのケープタウンの立派なホテル。世界中から参加者が集まってくる一大イベントだった。講演の前日は、ホテルで最後の練習をした。下見した会場の席を参加者が埋め尽くしている様子を思い浮かべながら、ホテルの自分の部屋で、翌日の講演を模して1人でリハーサルをした。これで準備万端。

翌朝になり、いよいよ本番だ。まず壇上ではアフリカの民族衣装を纏った10人ほどの太鼓の楽団が芯の太い太鼓の音をリズムよく会場中に響かせて会議が始まった。目を閉じて聴き入っていると、心の振動も感じられる。自分の呼吸に意識を集中し、10ほど数えて目をゆっくり開けると、不安が消え、心が落ち着いた。

●主役を演じる

司会者が筆者を紹介し、壇上にあがる。1500人の観客が目の前にいるが、筆者は不思議と落ち着いていた。入念に準備していたおかげだろうか。参加者に知人はほとんどいなかったが、仲のよい友人の前で話すつもりで、笑顔で参加者をみながら、穏やかに話を始めた。

台本に沿って数えきれないくらい練習していたので、**ただ夢中で主役を演じているような気分だった。参加者をみながら、ストーリーに沿って、話を進め、キーメッセージでは心を込めて伝え、最後に結論を簡潔に述べ講演を終えた。**主役として、本番のその瞬間にすべてを集中でき自分自身を開放したような爽快な気分だった。

「用意周到、準備万端」。

これさえすれば、プレゼンは楽しい。この経験をして以降、講演やスピーチが好きになった。

第6章

国際機関の確立と統治はいかにして成り立つか

本章では、IAIS（保険監督者国際機構）をはじめとする、金融の国際基準をつくる国際機関が、どのように確立・統治されて現在のような体制になったかを紹介していく。また、国際機関が加盟国メンバーと事務局によりどのように運営されているのかも紐解いていく。国際基準を策定する国際機関において、構成員による意思決定機関と事務局がどのような関係かは、金融分野の国際基準をつくる国際機関の動向を知るうえでは欠かせない重要な点でありながら、一般的にはあまり知られていない。本章では、IAISでの具体的な事例を取り上げながらみていく。

金融危機で国際機関の役割が増大

第3章でみたように、国際機関という組織は、意を共にする同志の情熱から始まり、同志の間で育まれた解決への熱意が昇華して理念や目的となり、それが他の多くの仲間に共鳴し、共感をもって受け入れられることで誕生する。組織化するためには、理念や組織の目的に加え、資源(resources)が不可欠であり、それを確保してから活動が始まる。そして、活動が安定化するためには資源と共に活動計画も重要である。

金融の国際基準をつくる国際機関の歴史は、実は比較的新しい。最も古いバーゼル銀行監督委員会（ＢＣＢＳ）でさえ１９７４年、証券監督者国際機構（ＩＯＳＣＯ）は１９８３年設立と、それほど昔の話ではない。ＦＳＢ（金融安定理事会）の発足は２００９年で、その前身のＦＳＦ（金融安定化フォーラム）の発足まで遡っても１９９９年であり、四半世紀弱の歴史しかない。しかも、**これらの国際機関が現在の姿にまで整備されたのは、金融の国際的な協力の重要性が飛躍的に高まった２００８年の金融危機以降である。**

金融危機以前、これらの国際機関（バーゼル銀行監督委員会、証券監督者国際機構、ＩＡＩＳ、ＦＳＢ）の運営を支える事務局は、それぞれ十数名程度の少数集団であった。事務局の大部分は、国際基準策定に関わっていたメンバー当局から出向してきた専門家によって構成され、その専門家たちは数年間の事務局での任期後、再び自国当局に戻るのが通例であった。

ところが、金融危機でこの体制が大きく変化する。国際基準策定を担う国際機関の役割が増大し、従来の体制を見直さなければ、任務が遂行できなくなったのだ。国際金融規制体制のリード役がG7からG20へ移行したことによる影響も大きい。

金融危機で明らかになった国際金融体制の課題は、G-SIFIs（グローバルなシステム上重要な金融機関）の監督、再建・破綻処理基準の策定、シャドーバンキング（Shadow Banking（影の銀行）：銀行と類似した金融活動を行いながら銀行のような厳しい規制を受けない金融機関の活動）のリスク捕捉など、金融分野全体で協力しなければ解決できない大きな問題ばかりであった。また従来のG7（またはG7にオランダ、ベルギー、スウェーデンを加えたG10）体制を構成する先進国だけでは不十分で、中国、インド等、新興国で世界経済の主要な役割を果たすようになった国々も加え、議論する必要があった。

そのため、これらの問題を議論する中心的な場が、金融危機の最中の2008年11月に開催されたワシントンでのG20首脳会議を境に、G7からG20へ移行した（1999年にG20が設立された際には財務大臣・中銀総裁レベルの会合であったが、2008年の首脳会議（サミット）開催以降、各国の大統領・首相レベルにまで格上げされた）。さらに2009年4月のG20首脳会議の議論に基づき、ＦＳＦの組織や役割を格段に強化する形で２００９年にＦＳＢが誕生した。

ＦＳＢの誕生により、決定的に変化したのが、金融規制分野全般にまたがる国際監督基準の策定をＦＳＢが担うことになった点である。金融危機以前のＦＳＦは、あくまで金融分野別の国際基準策定主体間の協力を促進する連携役でしかなかったが、危機の教訓を得て設立されたＦＳＢは、Ｇ-ＳＩＦＩｓに対する監督基準の大枠と個々のＧ-ＳＩＦＩの認定、再建・破綻処理の国際基準、シャドーバンキングの監督基準等、国際金融規制改革において中核となるような国際基準やその枠組みを策定する中心的な役割を果たすようになった。Ｇ20財務大臣・中銀総裁会合の指示を受けてＦＳＢが作業を行い、その結果を報告する、というプロセスが成立した。

この変化は、**バーゼル銀行監督委員会、証券監督者国際機構、ＩＡＩＳといった銀行、証券、保険の金融分野別の国際基準を策定する国際機関へも多大な影響を及ぼした。**というのも、従来の分野別の国際基準に加えて、ＦＳＢが定めた国際監督基準の大枠を踏まえて、それをさらに具体化・詳細化する形で、それぞれの金融分野別の国際基準を確立する必要があったからである。そのため、国際基準策定に携わるいずれの国際機関も、業務が増大し、組織が強化された。

とりわけ、銀行部門が金融危機の大元であったことから、銀行の国際基準を司るバーゼル銀行監督委員会はＦＳＢからの要請に加え、従前から実施していた**銀行の国際基準（いわゆるバーゼル規制）を大きく見直す必要があった。**それらが銀行の自己資本基準の大幅な強化と具体的な流動性規制の導入等を含んだバーゼルⅢとして、国際金融危機から10年後の2017年に最終合意されるわけだが、その膨大な業務は従来のバーゼル銀行監督委員会の体制ではとても実現できなかった。

さらに金融危機以前は、バーゼル銀行監督委員会のメンバーはG10を中心とした先進国だけであったが、金融危機後、FSBと同様にG20メンバーの新興国をバーゼル銀行監督委員会のメンバーとして受け入れたために、メンバーとなる金融当局が大幅に拡張された。

委員会や事務局の体制を整備

金融危機以前は、銀行、証券と異なり、保険は国際活動が限られ、金融システムに及ぼす影響も小さいとみなされていた。しかし、保険会社であるAIGの経営破綻により保険セクターに対する見方は一変し、IAISを直撃した。

IAISは、従来の監督当局間の連携・調整だけでなく、金融システムの安定を考慮した監督基準、国際保険資本基準（ICS）、保険会社の再建・破綻処理基準等を速やかに策定する必要に迫られた。**これを契機にIAISは実効性ある国際基準を速やかに策定できるよう組織変革**

し、**飛躍を遂げた**。この時期がＩＡＩＳの第二の創成期といわれる所以である。

具体的には、①国際基準策定、②国際基準の履行推進、といった従来からのＩＡＩＳの主要活動に加え、**③金融システム全体の安定の観点からの監督基準策定、調査・分析等を行うマクロプルーデンス面の活動**をも実施することとした。これは、金融危機において保険会社も金融システム全体へ多大な影響を与えたことがきっかけとなっている。この３つの主要な活動に沿って、委員会や事務局の体制を整備し強化した。

特に**ＦＳＢとの連携が必要な分野（Ｇ‐ＳＩＦＩｓにあたる保険会社の認定基準や監督基準、再建・破綻処理基準等）の活動に対して、重点的に資源を割り当てた**。さらに組織としての意思決定をタイムリーに実行できるように、**全会一致ではなく多数決でも重要な案件を決定できるように会議の運営方法を改め**、以前よりはるかに迅速に意思決定が取れるようにした。

また、基準策定のような重要案件については従来も市中協議を行ってきたが、金融危機以後は、その**プロセスを明文化して定め**、**確実にステークホルダーの意見が汲み取れる体制とした**。

業界との関係も見直した。第４章で触れたように、従来は民間保険会社や業界等は年会費を支払うことによりオブザーバーとなることができ、ＩＡＩＳの会議や各種活動に参画してきた。しかし国際基準策定の会議でも保険当局よりオブザーバーの発言が目立ち、保険監督当局者間で十分な議論ができない等の弊害が顕著になってきた。そのため**２０１５年からオブザーバー制度を**

廃止し、当局者だけが参加する会議で基準や監督体制を議論するようにした一方で、ステークホルダーが誰でも（会費を払うことなく）IAISの活動について意見を述べられるように体制を整備するとともに、最終的な決定は当局者のみで行うこととした。

そして組織として最も大きな改革は、**IAISの運営を司る事務局の強化**であった。迅速に成果があげられるように、すべての重要案件において事務局員がサポートの要となるべく、体制を根本から見直した。

前述の通り、IAIS事務局は従来、大多数が加盟国の保険監督当局からの数年任期の出向者によって構成されていたのだが、この体制では数年以上かかる重要なプロジェクトにスキルの高い職員を安定的に配置することが難しかった。そのため、**IAISが独自で事務局員を採用する体制へと改革した。**

採用方法も、①書類選考で選ばれた候補者（ロングリスト選抜者）との1次面接、②1次面接から残った候補者（ショートリスト選抜者）との2次面接、③最終面接、という3段階の採用面接を設けることとした。最終面接は、IAIS事務局幹部、外部関係者としてBIS（国際決済銀行）幹部、IAIS事務局内の担当業務関連職員等、様々な関係者で行って、皆の意見が一致すれば採用とする方式に改めた。面接では、本人の業務知識や実績に加え、やり遂げる力、チームワーク力、今後の成長可能性等を重視し、多面的、包括的に候補者を評価するようにした。
待遇面でも、採用者の業務経験等を考慮して決められるように人事・報酬制度の柔軟性を高め、事務局内での昇進の機会を設け、それに応じて給与・ボーナスも見直すなどの整備をした。また、事務局内での職員の評価体制については、従来の年に一度だけの評価対話を改め、上司と部下が業務内容を超えて自由に話し合いができる機会を毎月設け、業務遂行状況をみるだけでなく、対話を通じて人物をよりトータルに理解したうえで評価する運営とした。さらに、職員の研修体制も整備した。

　このような改革を実施するのと並行して、ＩＡＩＳの中期事業計画のなかにも事務局機能の強化を組み込んだ。メンバーの合意を得て、事務局の人員を数年かけて大幅に増加させ（２００７年末には17名だったのが、２０１７年10月には35名になった）、ＩＡＩＳの主要活動すべてを事務局員がサポートの要として支えられる体制を構築した。**このような事務局の体制整備は、その成果が外部からみえづらいが、実は、ＩＡＩＳが国際基準策定主体として確固たる地位を築くことを可能にした最も重要な改革の１つである。**

国際機関の統治——意思決定機関と事務局の関係

国際基準を策定する国際機関は、どのように統治されているのか。それは、**加盟国の監督当局（またはその代表として選ばれた監督当局）から構成される意思決定機関（ＩＡＩＳの場合は加盟国の代表として選ばれた保険監督当局により構成される執行委員会）と各種テーマごとに設置される作業部会、そして事務局によって担保されている**。意思決定機関が重要な政策や組織運営上の重要事項（主要な人事、組織体制、予算等）を決定し、各加盟国が事務局の協力を得つつ自国で政策を実行し、そして事務局が組織の運営を担うという体制になっているのが通例である。意思決定機関の会合は年に数回開かれ、政策面の議論に加え、事務局の業務遂行（進捗状況）を確認するとともに、組織運営上の重要事項についても議論し決定する。

ここで重要なのは、各国における金融規制の制定権限はあくまでも各国当局が持っており、ＩＡＩＳ等の国際基準策定主体やその事務局がそうした権限を持っているわけではない。国際基準についても、事務局は提案は作成するが、決定権を持つのは意思決定機関である。

そのため、意思決定機関の議長と事務局長の関係は重要だ。事務局長の任免権は意思決定機関にあり、事務局長は意思決定機関の代表者たる議長から、定期的（通常年に一度）に評価（performance review）を受ける。しかしこうした定期評価以上に重要なのが、**意思決定機関の議長と事務局長の日常的な関係である。両者の関係は組織の円滑な運営に多大な影響を与える。**両者が緊密に連携を取ることで組織の円滑な運営は確保されるのだ。

筆者は15年間にわたるＩＡＩＳ事務局長在任中、6代の意思決定機関議長と共にＩＡＩＳの運営に携わってきた。この経験から得た学びについて、いくつかの実例をあげながら、国際機関の意思決定機関による事務局長に対する統治が実際にどのように働いているかをみてみよう。

①　ＩＡＩＳ事務局の意識変革（2007年から2008年）

世界が金融危機の荒波に揉まれる2008年の前年は、今振り返ると、ＩＡＩＳや他の金融基準策定主体にとって、2000年代前半の平穏な時期から暴風雨に巻き込まれるまでの過渡期のような時期であったといえる。

その時期、ＩＡＩＳの活動は安定しており、筆者は事務局長として安心しきっていた時期でもある。この時にＩＡＩＳの意思決定機関である執行委員会の副議長に就任したのがウォルター・ベル（Walter Bell）（当時ＮＡＩＣ（全米保険監督官協会）会長）である。第5章で述べた、筆者が事務局長不適任であるとしてその交代を執行委員会に提案したのは彼であった。筆者は愕然としたものの、それを契機に自ら改革に取り組んだ。そしてこの改革によって、2008年に金融危機が拡大しＩＡＩＳがそれを迎え討たなければならない時期までには、ＩＡＩＳが飛躍する土台ができていた。

この経験は、**監督する側（意思決定機関）は監督される側（事務局長）に対して、的を射た忌憚ないフィードバックをタイミングよく与えることが大切なこと、また、監督される側は監督する側へのアカウンタビリティを常に意識して行動することが組織の活性化のためには不可欠であることを**示している。

② ＩＡＩＳの飛躍（２００８年から２０１４年）

ＩＡＩＳが組織として大きく成長を遂げたのは、２００８年の金融危機以降から２０１４年までの6年間である。この時期のＩＡＩＳ執行委員会議長が、ピーター・ブラウミューラー（Peter Braumueller）（オーストリア金融庁保険監督局長）であった。

彼は事務局と揺るぎない信頼関係を築いた。その要となったのが、毎週1回の電話会議と6週間ごとの終日の対面会議である。彼は事務局長や事務局幹部の評価に360度評価を導入し、関係者に幅広く参加を求めた。事務局を信頼しつつも、公正かつ客観的な評価を厳格に実施した。

このように、**意思決定機関トップが事務局と必要な距離は保ちつつ、信頼関係に基づいた緊密な意思疎通を貫くことが、事務局の士気を高め、組織の飛躍につながる**と考える。

③ IAIS事務局長任免のタイミング（2015年）

事務局長の退任の時期の決め方は、組織の役割や性格等に応じそれぞれに異なっているだろう。IAISの事務局長の場合、任期は契約時に3年から5年の範囲内で決定し、契約期間の満了時に、それまでの実績を考慮して現職の再任か（再任する場合は再任期間も決める）、あるいは新たな事務局長を採用するかを意思決定機関が決定する。再任回数の上限は設定されていなかった。

筆者の場合は、2003年から2017年末までの4期15年間にわたり事務局長を務めたのだが、4期目の再選時である2015年当時、IAISは順調に業績をあげており、国際保険資本基準（ICS）策定を進めていく土台が整備され、筆者は多数の意思決定機関メンバーの信任も得ていた。その時の執行委員会議長は、フェリックス・フーフェルト。後にドイツ金融庁長官を務めた、卓越した先見性を持った模範的な議長であった。

筆者は、国際保険資本基準の成立が見込まれる2019年までの約4年の任期延長とその任期満了での退任をフェリックスに希望した。しかし彼は、国際保険資本基準成立は1つの過程にすぎず、ますます変化が大きくなる金融環境にIAISが十分な余裕を持って対応していくためには、早めに後任を見つけ、次を託す方がよいとの意見だった。

筆者が20年居住したスイス・バーゼルの家

結局4期目の任期は通常より短い2年弱の延長に止まり、2017年末に事務局長を退任した。筆者はIAISの創設から参画し、国際保険資本基準成立を夢みて組織を長くリードしてきた筆者にとって、その誕生をみずにIAISを去るのは無念であった。業績が優れているから希望の任期延長が叶うものであると考えるのは筆者の独りよがりではあるが、手塩にかけて育ててきた組織を離れるのは精神的に容易ではなかった。

組織がうまくいっている場合、そのリーダーにいつまで任せるかの判断は難しいと思う。制度としてトータルの任期が決まっていない場合、意思決定機関による的確な判断が肝要だ。筆者はこの経験から、国際機関の意思決定機関の最も重要な役割の1つは、事業の好調を維持するという観点だけでなく、将来の環境変化に対応する新たな人材起用の必要性も踏まえて、リーダーの任免とそのタイミングを的確に判断することにあると学んだ。

コラム

組織改革の舞台裏——支援を得る交渉と決定

●BISと関連機関との関係

大規模な組織改革を成し遂げるためには、様々な議論や交渉が必要だ。ここではほとんど知られることのない体制改革の議論や交渉について、IAISの例をご紹介しよう。

IAISの本拠は、中央銀行の国際機関であるスイス・バーゼルのBISの建物に所在する。これはバーゼル銀行監督委員会やFSBも同様であるが、IAISとBISとの関係はバーゼル銀行監督委員会やFSBとは異なる。その違いの最たる部分が財政面だ。バーゼル銀行監督委員会とFSBはその経費のほぼすべてをBISが賄うが、IAISはBISからオフィススペースや事務面、会議の運営等のサポートを受けるものの、資金面での直接のサポートは従来受けていなかった。

BISとその関連機関との関係は、個別にBIS理事会で決議される。特に明確な基準やルールが定まっているわけではない。バーゼル銀行監督委員会やFSBはG20を中心とした中央銀行や金融監督当局がメンバーの中心であり、金融安定に貢献することをその理念とするのは、BISと共通している。そのため、BISがバーゼル銀行監督委員会やFSBを全面的に財政面で支えている。

それに対してIAISは、1998年の設立当初は中央銀行のメンバーは少なかったものの、その後、保険監督を担う中央銀行が増え、2012年当時ではイギリス、アメリカ（アメリカ連邦準備銀行）等も含め、3割近いIAISのメンバーは中央銀行であった。またIAISはその組織の目的として保険契約者の保護に加え金融安定への貢献も明記しており、BISと共通の理念を持っている。すなわち、2012年時点でBISとの組織的な関係を強化する土台ができあがっていたのである。

一方でその当時のIAISは、民間保険会社が準会員となっていた前述のオブザーバー制度を廃止するとその40％を超える財源が失われるため（第4章参照）、その代替となる資金面のサポート先を見つけることが死活問題となっていた。そこでBISからサポートを得るために、事務局長であった筆者が中心となり2012年頃から交渉を始めた。

●作戦を変更

最初はBISのIAIS事務局の担当窓口であるBIS金融経済局と交渉をしたが、1年近くかけても埒が明かない。金融経済局は、その局自身の人員や予算の割り当てを得るためにBIS内部で他部署と交渉をしているため、外部組織であるIAISのサポートより自局の利益を優先するのは当然といえば当然であった。

そこでBIS金融経済局ではなく、BIS内の予算決定主体と直接交渉することに作戦を変更した。BISの意思決定機関はBIS理事会であり、BIS理事会に対しIAISから支援の要請をして合意を得ることを目指したのである。IAIS執行委員会の合意のもと、執行委員会議長と事務局長であった筆者に全面的に権限が委任され、交渉にあたった。

まずBIS全体の運営責任者であるBIS総支配人に事情を説明し、趣旨について賛同を得たうえで、BIS理事会議長をはじめとする理事会の中心メンバーの協力を得るべく、個別に面談を始めた。BIS理事会メンバーはBISに常駐しておらず、ほぼ2カ月に1回開催される理事会の時のみBISにやってくるため、彼らの本国のオフィスに個別に訪問したほか、BISで開催される会議の合間を利用して面会を設定し、支援を依頼した。その甲斐があって、民間保険会社からの財源に匹敵する財源を5年間保証する形での支援を、BIS理事会から取り付けた（その後も、BISからの支援は5年を超えて延長されている）。

●NAICは明確に反対

一方で、民間からの会費に代わりBISからの財政支援を受けるにあたって、IAIS内部では、「民間から中央銀行の国際機関へ依存先が変わることは、かえって保険会社との協力関係が損なわれマイナスではないか」という懐疑的な意見があがってきた。アメリカのIAISメンバーであるNAICとそのメンバーである州の保険当局は、民間保険会社のオブザーバー制度を廃止することに、反対の立場を明確にした。NAICはアメリカ全州および直轄領（ワシントンDC等）の保険長官が加盟している団体なので、NAIC全体でIAISの57メンバー（50州＋6直轄領＋NAIC事務局）を有するIAIS最大のグループである。NAICは、民間の積極的な参加はIAISにとって不可欠であるとの立場を譲らない。

しかしIAISのそれまでの歴史をみれば、BISは金融安定を目指す国際機関（FSBやバーゼル銀行監督委員会）と理念を共有するが、その統治に介入しない、最適なパートナーであるのは明らかであった。それに、保険の監督・基準策定主体が業界の金融支援を受けて存続しているという姿は、どう考えても利益相反のそしりを免れない。IAIS執行委員会議長と筆者は執行委員会でもその点を訴え、執行委員会のメンバー多数の賛同を得たが、NAICは意見を変えない。

●年次総会最終日の採決

最終的な決定は、すべてのＩＡＩＳメンバーの出席が許されている年次総会での多数決で行われる。結局ＮＡＩＣは意見を変えないまま、２０１４年の年次総会を迎えることとなった。このオブザーバー制度廃止とそれに代わる財源の件はＩＡＩＳの５カ年計画（２０１５年から２０１９年）にも反映されていたので、ＮＡＩＣはＩＡＩＳ５カ年計画へも反対を表明した。もしもこの５カ年計画が採択されなければ、ＩＡＩＳの２０１５年以降の予算が承認されず、ＢＩＳ理事会での承認を得た支援策も反故になり、ＩＡＩＳは機能不全に陥ってしまう。

ＩＡＩＳ事務局では年次総会の数カ月ほど前から、ＩＡＩＳの全世界の２００以上のメンバーに対し、地域別に年次総会の準備を兼ねた電話会議を開き、ＩＡＩＳ５カ年計画については特に入念に説明のうえ、支持を訴えた。さらに年次総会の場での議論に備え、何度も予行演習をし、どのような質問に対しても対応できるようにした。

２０１４年の年次総会はオランダのアムステルダムで開催された。会議が始まるとオブザーバーとして民間保険会社から参加している者は、公式の場でも非公式の場でも、異口同音にオブザーバー制度廃止の提案に激しく反対を訴える。オブザーバーの参加者はメンバーの参加者と同数に近いので、その声は大きい。最終日にいよいよ、オブザーバー制度の廃止とＩＡＩＳ５カ年計画の採決が行われた。

年次総会の採決に参加できるのはＩＡＩＳメンバーに限られており、オブザーバーには投票権はない。この議案の投票では、まず議長説明の後、ＮＡＩＣの反対が表明され、アメリカ代表の意見に対する議長の意見を説明した後、投票を行った。結局ＮＡＩＣとアメリカ州当局の代表やいくつかの国の反対があったものの、本件は圧倒的多数の賛成をもって採択され、ＩＡＩＳの改革が実行に移されることとなった。改革はこのように困難な調整や決断が必要であるが、それによって組織は進化する。

その後、民間代表はＩＡＩＳ内の意思決定会合には参加できなくなったものの、年会費の支払い不要で年に数回、ＩＡＩＳが主催する意見交換の場に出席し、ＩＡＩＳメンバーとの対話、ＩＡＩＳに対する意見提出を引き続き活発に行っている。一方でＩＡＩＳはメンバーのみでの国際基準等に関する議論に十分時間を取れるようになり、ＩＡＩＳが効率的、効果的に運営できるようになった。

第7章

国際金融基準の謎

国際基準はひとたび制定されると、多くの国がそれに従う。しかし、国際基準は国内法規制と異なり、それ自体に法的な強制力があるものではなく努力義務としての位置付けである。にもかかわらず、どうしてそのような影響力があるのだろうか。そして、その国際基準はそもそもどのように策定されるのか。本章の前半では、まずその謎を解き明かしてみたい。後半では、国際基準の具体例として、2008年の世界的な金融危機で最大の政策課題となった、G-SIFIs（グローバルなシステム上重要な金融機関）に対する国際基準がどのような過程を経て生まれたのかをみるとともに、国際保険資本基準（ICS）の誕生の現場を紹介し、最後に金融危機から我々が学んだことを述べてみよう。

金融規制に関する国際基準の歴史

世界の主要国を網羅する金融の国際基準の歴史は、比較的短い。バーゼル銀行監督委員会（ＢＣＢＳ）が創設されたのは１９７４年であるが、その翌年に公表された**「バーゼル・コンコルダット」（Basel Concordat）と呼ばれる原則は、銀行の国外拠点での活動を適切に監督するための監督当局間の協力事項を定めており、それが銀行規制に関する最初の国際基準といわれている。**その後、バーゼル銀行監督委員会が１９８８年に公表したバーゼル合意（バーゼルⅠ）と呼ばれる銀行の国際自己資本基準が、銀行規制に関する国際基準の代表的な位置付けとなる。

証券会社監督の分野では、証券監督者の国際機関である証券監督者国際機構（ＩＯＳＣＯ）が１９８３年に設立されたが、その基準策定活動が本格化するのは１９９０年代からである。そして、証券監督にかかる国際基準の根幹となる、「証券規制の目的と原則」（Objectives and Principles of Securities Regulation）は１９９８年に発表された。

一方、保険においては、**ＩＡＩＳ（保険監督者国際機構）が１９９７年から国際基準をつくり始め、２０００年に公表した保険監督原則（ＩＣＰ）が、保険監督の原則を網羅した国際基準として今も基本的な役割を果たしている。**

▼FSBとバーゼル銀行監督委員会、証券監督者国際機構、IAISの関係

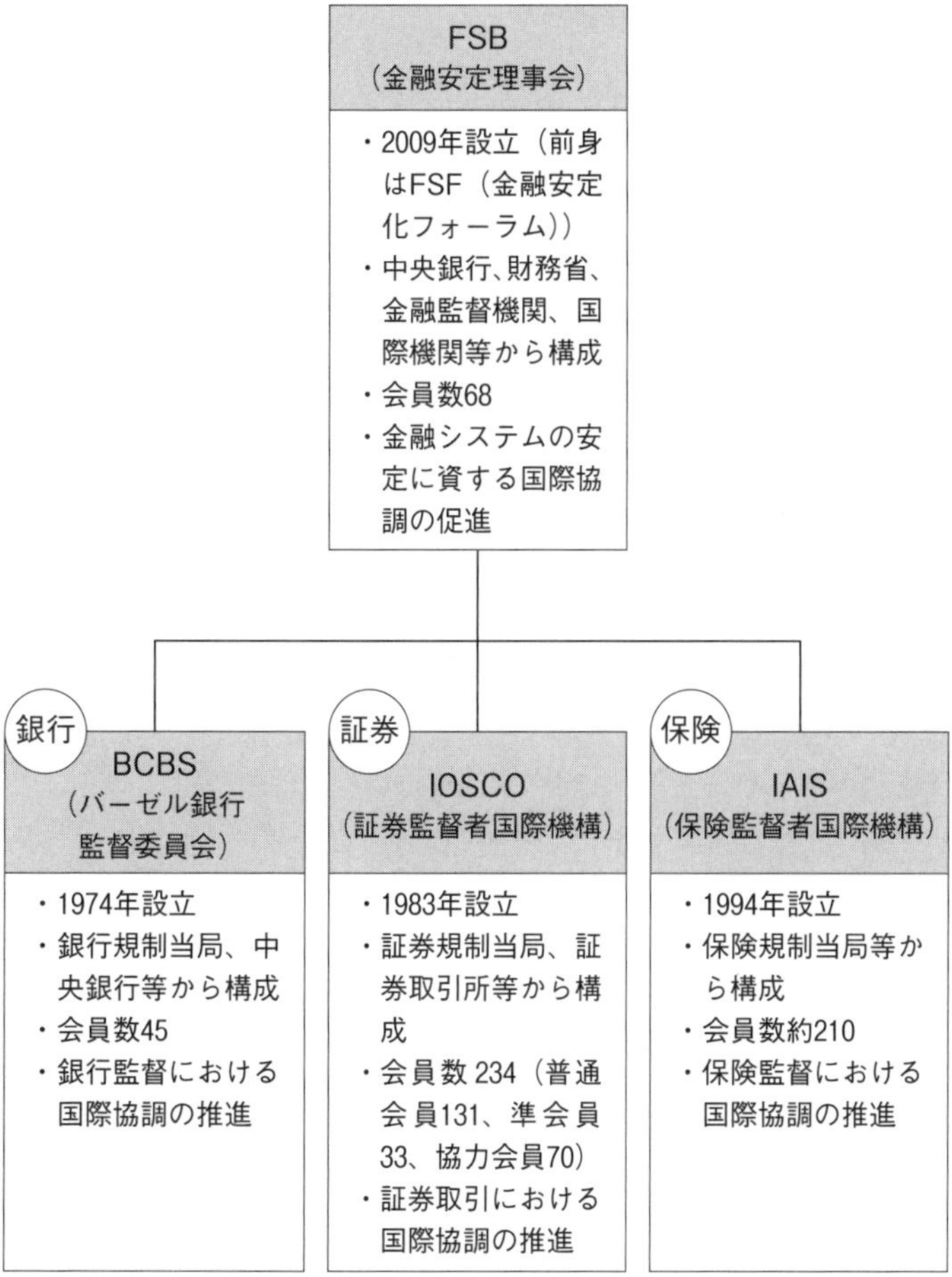

注：2023年５月28日時点。

2008年にワシントンD.C.で開催されたジョイント・フォーラム会合
（前から２列目左から３人目が筆者）

金融分野をまたがる監督基準はバーゼル銀行監督委員会、証券監督者国際機構、ＩＡＩＳの３つの組織が共同して１９９５年に設立したジョイント・フォーラムが一定程度、その役割を担っていた。同フォーラムは金融コングロマリットなど、銀行、証券、保険をまたがる共通課題に関する分析結果や監督のための原則を発表した。同フォーラムは興味深い分析等を行っていたのだが、前述の３機関が知見を持ち寄って共通課題を意見交換する場という性格が強く、それらの機関の下部組織であって、そこには自ずと限界もあった。

２００８年の世界的な金融危機を契機に、ＦＳＦ（金融安定化フォーラム）を改組して２００９年に設立されたＦＳＢ（金融安定理事会）は、ジョイント・フォーラムとは異なり３機関よりも上位に位置付けられ、Ｇ-ＳＩＦＩｓに対する政策枠組みなど、金融分野横断的で影響力のある監督基準やその枠組みを他機関と協力し策定してきた。

なぜ国際基準が存在するのだろうか

金融当局は自国の消費者保護や金融安定に責任を持つが、金融機関の国際活動が活発化してくると、その監督責務を全うするためには、自国に所在する金融機関の自国内の活動だけではなく、他国での当該金融機関の活動や、自国内に所在する他国の金融機関の本社の活動も把握しなければいけない。一方で、他国ではその国の金融当局が同様の立場にあるため、監督者同士が密接に連携を取る必要が生じてくる。その際、自国と他国の規制・監督内容に違いがあるとそうした連携が難しくなってくる。そのために国際基準をつくり、それをお互いが自国の法規制として取り込んで遵守することが重要になってくるのである（競争上の公平性を確保するとの観点もある）。

国際基準が策定される、あるいは強化されるのは、多くの場合、問題が顕在化してその解決を迫られる場合である。2008年の金融危機後の対応が、その典型的な例である。金融危機以前も「大きすぎて潰せない」（Too big to fail）といわれた巨大な国際金融機関のリスクについては認識されていたが、それに対する国際基準等の措置は十分ではなかった。シャドーバンキングに対し規制・監督が十分に行き届いていないことや、銀行の再建・破綻処理制度が整っていないことについてもその問題は指摘されていたが、必要な対応はできていなかった。**金融危機によってその問題が顕在化し、国際的に影響が波及したために、G-SIFIsに対する政策枠組みなど、金融分野を横断する、影響力のある国際基準がつくられた**のである。

国際基準策定のプロセス

国際基準の出発点は、基準を策定する国際機関での意思決定を司る場における、基準策定についての合意である。その後、メンバー国の当該分野の専門家から構成される作業部会で、実際の基準の草案づくりが始まる。そこでできた基準案を、各国当局の幹部クラスで構成される上位部会で議論する。ここで議論されるのは基準案全体の方向性や、作業部会で合意できなかった部分等であり、必要に応じて作業部会案は修正され、上位部会レベルでの合意が形成される。

ここまで基準案ができた段階で、多くの場合、その案を市中協議にかけ、金融業界や有識者を含む関係者の意見を求める。そこで提出された意を汲み、必要であれば基準案をさらに修正したうえで、最終的に規制当局のトップが集まる国際基準策定主体の意思決定機関で基準案が採択されると、国際基準となる。国際基準策定主体によって若干の違いはあるが、どの機関でもほぼ同様なプロセスを経て国際基準がつくられる。

国際基準が遵守される理由

国際基準は国内法と違い、それ自体に直接的な法的効力がある規制ではないため、各国で法制化される必要がある。通常、立法府である議会での採択を経て法律となるか、あるいは所管する監督官庁が持つ権限の範囲内で規制化されることで国内法制化が完了する。

国際基準を策定する主体のうちＦＳＢ、ＩＡＩＳは法的には国際基準の策定を活動目的の１つとする非営利法人であり、またバーゼル銀行監督委員会はＢＩＳ（国際決済銀行）内に事務局があり、国際基準の策定を任務とする、法人格を持たない任意の委員会にすぎない。しかし、これらの組織で合意された国際基準は、多くの国で法制化され法律となる。では国際基準はどうして遵守されるのであろうか。

国際基準を遵守するインセンティブが働くのは次の３つが主な理由であると考えられる。

① Shared ownership（自分が皆と合意してできたもの）

国際基準は、規定の手順を踏み、自国で実施することを前提に各国を代表する当局者が議論を尽くし、皆がその内容につき同意したうえで成立したものである。したがって**国際基準は参加者全員の共同成果物であり、参加当局はそれを自国において適用するという、一種の道義的責任を負って行動する**ことになる。

② Market incentives（市場のインセンティブ）

国際基準、特に銀行の国際資本基準等の定量的な基準を遵守した経営を行っているかは、その国の金融機関に対するグローバルな格付けや資金調達条件、顧客からの信頼度等に影響する。**基準の遵守度合いが国の金融・経済に影響することになるため、当該国の当局としてはその基準を遵守しようというインセンティブが働く。**

③ Official incentives（公的なインセンティブ）

国際機関等が一国の金融システムの評価を行う際、**国際基準の遵守状況は重要な評価項目であり、その評価結果は公表される。**国際通貨基金と世界銀行が行っている金融セクター評価プログラム（FSAP）は、まさにこうした国際基準の遵守状況評価を含む評価プロセスであり、各国ともその遵守を目指す。特に国際機関から支援を受ける可能性のある国の場合、国際基準の遵守が支援を受ける条件となる場合もあり、そうなると遵守せざるを得ないこととなる。

多数決とコンセンサス

国際基準の決定方法は、コンセンサスが基本である。FSBでもバーゼル銀行監督委員会でもそれが規約に明記されている。IAISでは規約上、総会と執行委員会の決定は多数決とされているが、実際には、ほとんどの場合コンセンサスで決まる。

第1章でも触れたように、コンセンサスと全会一致は異なる。全会一致はすべての参加者（有権者）が賛成をすることであるが、コンセンサスはすべての参加者の意見が検討され、妥協が図られ、多数の参加者が支持する意見に他のメンバーは反対を表明しないことを指す。

国際基準策定主体の決定は法的な拘束力を有していないが、議論に参加し自ら合意したからこそ、遵守するインセンティブが働くのであり、そのためにはコンセンサスで決定することが大事である。

ただし、例外もある。前述した通り、ＩＡＩＳでは国際基準をコンセンサスでなく多数決で決定することもあり得るとしている。ただこれは、議論を尽くしても合意に至れない場合等の最後の手段である。規則上多数決が可能だと、少数派に妥協へのインセンティブが働くので、効率的な論議が進めやすくなる効果を持つ。国際交渉でもタイムリーな決定が求められている今日、ＩＡＩＳ以外の国際基準策定主体においても、多数決を基準策定の決定ルールの１つに導入することを検討してもよいのではないかと思う。

金融危機とG‐SIFIs

続いて、国際基準の具体例として、国際金融や金融規制のありようを大きく変えた２００８年の世界的な金融危機と、それに伴う金融制度改革、国際保険資本基準誕生の背景についてみてみよう。

金融危機に対して金融規制が十分な防波堤となり得なかったため、各国が一丸となって抜本的な見直しに取り組むこととなった。ＦＳＢが設立され、国際的に金融全体の動きを把握し、有効な国際基準が包括的に策定される体制の構築を目指した。

その当時の国際金融当局者の最大の課題がG-SIFIs、いわゆる「大きすぎて潰せない」(Too big to fail) とされる金融機関にどのように対応するかであった。ここから、その背景、実際の議論、基準の策定までの過程等、実際何が起こったかを説明し、さらにそこからの学びについてみていきたい。

リーマン・ブラザーズの破綻とAIG危機

2005年の金融界は我が世の春を謳歌していた。2000年頃から、資産を担保として発行される証券である資産担保証券 (Asset backed securities : ABS) が金融市場で目覚ましい発行の伸びを示し、金融機関の多くはこぞって不動産などを利用した証券化商品を手がけ、多大な収益をあげていた。そのような商品の普及や市場の動向に2000年頃は慎重であった規制当局も、徐々に楽観的になり、むしろそのような商品は信用リスクを幅広く分散させ、金融システムの安定に貢献するという肯定的な見方に変わっていった。たとえば2006年3月のFSFの会合では、銀行の国際資本基準等を例にあげ、行きすぎた規制 (Regulatory Overload) は望ましくないとして規制に懐疑的な議論までなされていた。

こんな状況に変化がみられたのが2006年後半からである。アメリカで不動産価格が値下がりし始め、信用力の低い個人を対象とした不動産貸付であるサブプライムローンでリスクが顕在化してきた。2007年春以降は市場がリスクを恐れ資金の提供を極端に絞り始めたため、いくつかの大手金融機関が危機を迎え、金融市場が非常に不安定になり、2008年9月のリーマン・ブラザーズ（Lehman Brothers）の破綻で、ついに市場は機能不全に陥った。

そして、リーマン・ブラザーズの破綻の数日後に、保険会社で世界最強とまでいわれていたAIGが危機に陥り、世界は大恐慌寸前に追い込まれた。アメリカ政府は、総額で1820億ドルに及ぶ、前例のない膨大な資金を投入してAIGを救済。その後は多くの主要国政府、金融当局が一斉に市場や大手金融機関を全面的に支援し、2009年中旬から金融市場は回復基調に入る。

この金融危機によって、リーマン・ブラザーズのような大手金融機関が破綻すると世界経済全体が深刻な影響を受けることが、現実の問題として認識されるようになった。

大きすぎて潰せない（Too big to fail）リスク

２００９年9月、アメリカの中央銀行制度の最高意思決定機関にあたる連邦準備制度理事会の議長であったベン・バーナンキ（Ben Bernanke）が金融危機調査委員会（連邦議会の下で金融危機の原因を究明するための委員会）で次のように証言した。

「金融危機の最大の教訓は、このような〝大きすぎて潰せない金融機関〟の問題を解決しなければいけないということだ」（"If the crisis has a single lesson, it is that the too-big-to-fail problem must be solved."）

ＦＳＢは、まさにそうした金融規制改革のために設置された機関である。ＦＳＢの前身であるＦＳＦは金融システムの脆弱性を評価し、金融の主要な国際基準を各国が遵守する仕組みを構築したが、金融危機を事前に察知し有効な手立てを打つまでには至らなかった。そこで、ＦＳＦに代わるものとして、２００８年11月のＧ20ワシントンサミットの宣言を受けてＦＳＢの設立が決まった。メンバーをＧ20加盟国全体に拡げ、その機能や体制を強化したＦＳＢは、２００９年４

月のＧ20ロンドンサミットで承認された。ＦＳＦからの最大の変化は、ＦＳＢは金融分野全般に関わる国際監督基準を策定することになった点で、その最重要課題はＧ－ＳＩＦＩｓのグローバルな監督体制を構築することにあった。

Ｇ－ＳＩＦＩｓに対する監督

Ｇ－ＳＩＦＩｓに対する監督のあり方については、２００９年からＦＳＢで議論をはじめ、翌年10月にＧ－ＳＩＦＩｓの監督基準のフレームワークと作業計画に合意し、報告書（Reducing the moral hazard posed by systemically important financial institutions（システム上重要な金融機関がもたらすモラル・ハザードを低減させる））を公表した。

そこでは、Ｇ－ＳＩＦＩｓの規制は通常の金融機関の規制よりも厳しくすべきであるとした。具体的には、Ｇ－ＳＩＦＩｓに対しては①再建・破綻処理計画の策定、②資本の上乗せ、③より厳格な監督基準の適用が求められるべきであるとされた。そのためにＧ－ＳＩＦＩｓの認定基準を定め、その基準に沿って個々のＧ－ＳＩＦＩｓを認定し、さらに監督基準を策定・適用することによって、Ｇ－ＳＩＦＩｓを厳しく監督することが合意された。加えて、認定基準と監督基準を担当する国際基準策定機関とその作成時期が明確に定められた。

さらにその文書では、銀行に留まらず保険会社もその範疇に入ること、２０１１年までにこの作業を完成させること、がはっきりと謳われていた。金融危機の際に政府による救済を受けたToo big to failといわれる金融機関は銀行が中心であったが、ＡＩＧに留まらず、保険と銀行との金融コングロマリットであったベルギー・オランダのフォルティス（Fortis）やオランダのＩＮＧも政府救済を受けていたため、保険会社に関わるシステミックリスクをどのように規制するかも重要な政策課題として議論されたのだ。

このＦＳＢからの要請を受けて、銀行の国際基準策定を担うバーゼル銀行監督委員会と保険の国際基準策定を担うＩＡＩＳは、その後直ちにG-ＳＩＦＩｓの認定基準と監督基準の策定を行う活動を開始した。

ＦＳＢで２０１０年に合意した作業計画に基づき、バーゼル銀行監督委員会はグローバルなシステム上の重要性を評価する5つの項目（①国際活動（global activity）、②規模（size）、③相互連関性（interconnectedness）、④補完性（substitutability）、⑤複雑性（complexity））に沿って、銀行のG-ＳＩＦＩｓであるG-ＳＩＢｓ（Global Systemically Important Banks：グローバルなシステム上重要な銀行）の認定基準、国際資本基準への上乗せ割合、G-ＳＩＢｓに該当する銀行のリストを完成させた。

それらはＦＳＢ本会合の承認を経て２０１１年11月のG20カンヌ・サミットで報告、公表された。さらにＦＳＢが策定した銀行の再建・破綻処理にかかる国際基準や、銀行ごとに作成される再建・破綻処理計画が満たすべき基準もG20で承認され、G-ＳＩＢｓに関してはとりあえず基本的な政策が出揃った。

またG-ＳＩＢｓについては、株主のみならず債権者等にも損失を負担させ、G-ＳＩＢｓとしての損失吸収力を高めることにより危機対応の体制を強化する「総損失吸収力」（ＴＬＡＣ：Total Loss Absorbing Capacity）を確保することを制度化する国際基準が、２０１５年11月にＦＳＢによってまとめられた。

さらにバーゼル銀行監督委員会では、バーゼルⅢといわれる自己資本基準の見直しや流動性にかかる基準の策定を含めた銀行規制改革の議論が同時に進められた。最初のパッケージが２０１０年12月に公表された後、作業が継続して進められ、２０１７年末に最終合意に至った（２０１３年から段階的に実施され、最終的には２０２８年初から完全実施予定）。

この一連の銀行に関する規制改革により、銀行、特にG-ＳＩＢｓの健全性は格段に強化され、金融システムの安定性に貢献することとなる。２０２０年３月のコロナ危機時の金融市場の混乱でも銀行の健全性に大きな問題が生じなかったのは、前述の一連の規制改革により銀行の体質が強化されたおかげである。

難航を極めた保険分野の論議

一方、保険分野におけるG-SIFIsであるG-SIIs（Global Systemically Important Insurers：グローバルなシステム上重要な保険会社）の認定基準と監督基準策定にかかる作業は難航を極めた。金融機関が発端となった金融危機は過去に何度も世界は経験しているが、その元凶は銀行の破綻であり、保険会社が発端となってシステムの安定が脅かされた前例はなかった。今まで議論されなかった問題が突然、G20やFSBでの議論の中心となった。それに対し、保険の国際基準策定を担う国際機関であるIAISは全く準備ができていなかった。

IAISの内部で作業計画を立て執行委員会の下に金融安定委員会（Financial Stability Committee）を立ち上げ活動を始めたが、何をリスクとして把握し規制すべきなのか、経験の蓄積がなく先が読めない。未知の世界への挑戦で、何度も立ち往生し絶望的になった。

幸いなことにIAISメンバーのなかにバーゼル銀行監督委員会でG-SIBs認定基準に深く関わった人物が2人いた。早﨑保浩金融庁国際担当参事官（当時）（現・リコー経済社会研究所所長）とポール・シャルマ（Paul Sharma）（当時はイギリスの金融庁（Financial Services Authority）政策局長）である。その2人を中心に、バーゼル銀行監督委員会の作業を参考にしながら作業が進められた。

特に課題となったのが、①保険会社におけるグローバルなシステム上重要なリスクをどう定義しどのように評価するか、②グローバルなシステム上重要な保険会社を評価するためのデータをどう収集するか、③保険会社について基本となる国際的な資本基準がないのに、どうやって上乗せ資本基準をつくるか、の3点である。それぞれのポイントは次の通りである。

① 保険会社におけるグローバルなシステム上重要なリスクをどう定義しどのように評価するか

この課題についてはＩＡＩＳでの2年近くに及ぶ議論の末、その結論を２０１2年11月に「保険と金融安定」(Insurance and Financial Stability) と題したペーパーとして公表した。ＩＡＩＳではまず国際通貨基金、ＦＳＢ、ＢＩＳが２００９年10月に公表した「金融機関、市場、商品のシステム上の重要性にかかる評価ガイダンス」(Guidance to Assess the Systemic Importance of Financial Institutions, Markets and Instruments) をもとに、保険会社におけるシステム上重要なリスクとは何かを分析した。そして、保険会社においてシステム上重要なリスクをもたらす可能性のある活動は、企業や国の破綻リスクを補償する金融派生商品 (derivatives) であるクレジット・デフォルト・スワップ (ＣＤＳ：Credit Default Swap) にかかる業務や有価証券貸付

(security lending)業務等、〝伝統的な保険〟以外の分野であり、それらにより信用リスクや流動性リスクが顕在化し、金融システムを不安定にする可能性があると結論付けた。

実際、ＡＩＧ危機は、ＡＩＧがその格付けを下げられたことで、短期借入ができない事態に陥ったために発生した、流動性リスク顕在化の典型的な例であり、その危機を招いたのは同グループが行っていたクレジット・デフォルト・スワップ業務や有価証券貸付業務であった。

この結論は、金融危機の元凶は２００８年の金融危機も含め、短期で借り（預金、コマーシャル・ペーパー、レポ取引等）、長期で貸す（貸付等）という銀行のようなビジネスモデルでは、貸し借りの期間の差（maturity mismatch）が原因で流動性リスクが発生・顕在化し、取り付け騒ぎが起きることにあるということであり、この点はシャドーバンキングに関するＦＳＢの議論の結論とも一致するところだった。

そして、２００８年の金融危機での教訓は、Ｇ-ＳＩＦＩｓと並んでシャドーバンキング問題についても解決する必要がある、ということであった。両者は深い関係がある。Ｇ-ＳＩＦＩｓの活動がグローバルなシステム上重要になり金融安定におけるリスクとなった背景には、これらの大手金融機関における資金調達の急成長がある。

危機時には、このような資金調達市場で金が回らなくなり、Ｇ-ＳＩＦＩｓ等の金融機関が流動性危機を迎える。市場に資金を供給する仕組みのなかにはマネー・マーケット・ファンド、資産担保証券、レポ取引、コマーシャル・ペーパー等の銀行と類似した活動があったが、それらは十分な規制がされておらず、しかも金融機関の多くは、監督対象ではない別組織や簿外取引でそのような活動を行っていたので監督者の目が及んでいなかった。

そのためFSBでは2011年からシャドーバンキング業務のモニタリングを始めると同時に、2013年にその規制に関する報告書を発表した。この報告書で提示されたシャドーバンキングは、IAISで「〝伝統的な保険〟以外の活動」として定義された分野と重なる部分が多い。

② グローバルなシステム上重要な保険会社を評価するためのデータをどう収集するか

保険会社におけるグローバルなシステム上重要なリスクをもたらす可能性のある活動の分析と並行して、IAISはそのような活動が保険会社でどの程度行われているかを把握・評価する仕組みをつくり始めた。この時の最大の難関はデータの収集であった。そもそもIAISでは保険会社から直接データを収集する経験がなかった。そのうえ、国ごとの会計基準の違い等から、国が異なっても比較可能なデータ収集も困難であった。国によっては守秘義務上、データをIAISと共有することにも無理があった。我々は絶望して暗澹たる気分に陥り、何度も諦めかけた。しかし関係当局の支援や協力を得て、時間はかかったがその難問を一つひとつクリアし、ついに、ＩＡＩＳの認定基準に基づき、９社（ＡＩＧ、メットライフ、プルデンシャル・ファイナンシャル（以上アメリカ）、アビバ、プルーデンシャル（以上イギリス）、アリアンツ（ドイツ）、アクサ（フランス）、ゼネラリ（イタリア）、中国平安保険（中国））を保険のＧ-ＳＩＦＩｓであるＧ-ＳＩＩｓとしてＦＳＢが正式に認定し、２０１３年７月に公表した。

③　保険の国際資本基準と上乗せ資本基準をどうやってつくるのか

ＦＳＢが２０１０年10月に公表したＧ-ＳＩＦＩｓの監督基準活動計画において、Ｇ-ＳＩＦＩｓは金融システムの安定に多大な影響を及ぼすため、通常の金融機関よりも厳しく規制することが示されていた。その１つが資本基準である。資本は金融機関が予期せぬ損失を被った時に損失吸収の役割を果たすため、それを厚く積むことは経営の安定につながる。そのため、金融機関に求められる重要な規制項目となっている。

Ｇ-ＳＩＦＩｓの場合はその破綻が世界経済全体に深刻な悪影響を与えるため、その資本の損失吸収枠を普通の金融機関よりさらに厚く、多く積むべきであるというのが上乗せ資本規制の論理だ。銀行ではバーゼル銀行監督委員会が策定した国際資本基準が既に存在したため、その上乗せ資本基準をつくるのは比較的順調にいった。しかし、保険の場合はその土台となる国際資本基準がなかったため、上乗せ資本基準をつくる基盤がなかった。

ＩＡＩＳでは、２００８年の世界的な金融危機以前も保険の国際資本基準についての議論はされていたが、その実現は金融危機後まで待つことになった。ここで、保険の国際資本基準をめぐる議論をＩＡＩＳ創設期に振り返ってみてみよう。

機が熟するまで

ＩＡＩＳが１９９８年に正式に国際基準策定主体として活動を開始し、その春に事務局次長として筆者が赴任した時、当時の事務局長クヌット・ホーフェルドから、ＩＡＩＳで何を実現したいか尋ねられた。筆者は「保険の国際資本基準をつくりたい」と答えた。

当時のＩＡＩＳのロールモデルは銀行の国際基準をつくるバーゼル銀行監督委員会であり、その最も強力なものが国際資本基準であった。保険においては当時ヨーロッパでは共通の資本基準があるのに、グローバルな国際基準がなかった。ＩＡＩＳであればそれができると筆者は考えた。

クヌットは「もちろんだ。機が熟したら」といって微笑んだ。確かにその当時は機が熟していなかった。国際機関としてまずは組織を確立することが大切で、基準づくりに臨むにあたって

オスロ近郊の山小屋で2000年冬に開催されたソルベンシー作業部会

は、議論の前提となる保険監督原則をつくることが先決であったからだ。

２０００年に保険監督原則が完成してから、ＩＡＩＳでも資本の国際基準関連の論議が始まった。担当の作業部会としてソルベンシー作業部会（Solvency Subcommittee）が設立され、部会の初代議長がノルウェー金融庁のペア・シモンセン（Per Simonsen）だった。そのため我々はよく、ノルウェー金融庁の幹部会議が開かれるという、オスロ近郊の森のなかにある山小屋に数日間こもり、皆で議論をした。

銀行と比較した保険のリスク管理の特徴として、資産サイドのリスクに加え、負債サイドのリスクが多様で大きいことがある。保険会社の負債の多くは将来支払われる保険金見合いの準備金であり、その価値を正確に見積もるのは難しい。そのため、いきなり資本基準を議論するのではなく、まず財務上の健全性に影響するリスク全体の管理の大枠を合意してから、詳細に資本基準を議論することとした。

そうした事情から、詳細な資本基準の論議を始めるまでにはかなりの準備作業が必要であった。その後数年かかって議論が進み、保険の国際資本基準についての大枠は構築されてきたものの、銀行の国際基準のような詳細な基準づくりに向けた動きは起こらなかった。

ヨーロッパ保険規制当局は資本規制の国際基準づくりに積極的であったが、世界最大の保険市場であるアメリカの保険規制当局は慎重であった。アメリカ保険規制当局は、現在の各国別の資本規制で何の問題も生じていないのだから、新たに詳細な資本の国際基準をつくる必要がないと考えていたことに加え、国際的に調和した詳細な資本基準をつくること自体にも疑問を抱いていた。各国の保険会社が同じ規制に従って行動するようになると、世界が同じ方向に向き、国際的な保険システムの脆弱性につながるとの懸念である。

また、その当時は財務会計の国際基準を策定する国際会計基準審議会（ＩＡＳＢ：International Accounting Standard Board）で、保険事業にかかる国際財務報告基準策定の議論がなされていた最中であり、近い将来に出される国際会計基準審議会の結論を待ってから、詳細な保険の国際資本基準を議論すべきだという意見がＩＡＩＳのなかでも支持されていた。そのため、保険の国際資本基準については目立った進展はないまま、世界は2008年の世界的な金融危機の嵐に突入することとなる。

保険の上乗せ資本基準をどうやってつくるのか

「保険の国際資本基準がないのに、どうやって上乗せ資本基準をつくるのか」という先ほどの課題に戻る。2010年10月にFSBで合意した保険のG-SIFIs（G-SIIs）に対する上乗せ資本基準を、実際にどう策定するのかをIAIS内部で集中的に議論した。そして、システム上重要なリスクは保険本来の活動からでなく、保険会社の銀行と同様の業務を行うような活動から発生すると分析した結果、IAISは当初、銀行の国際資本基準を使い、銀行と似た活動部分にだけ上乗せ資本基準を適用することを提唱した。しかしそのような業務だけを保険会社から切り離して考えるのは現実的でなく、関係者、特にFSBの支持は得られなかった。

一方でIAIS内でも、土台となる保険の国際資本基準をまず確立すべきであるという議論があったが、アメリカといくつかの国の慎重な意見が強く、IAISとして明確な態度が表明できずにいた。FSBの要請を受け入れ、上乗せ資本基準をつくるとはいったものの、IAIS内部でその土台となる保険の国際資本基準をつくるという点について合意ができないまま、数年が経過してしまった。

そして、2013年6月。FSBの規制監督上の協調にかかる常設委員会（Standing Committee on Supervisory and Regulatory Cooperation：SRC）と、そのすぐ後にバーゼルで開催されたFSB本会合（Plenary）は、IAISの国際資本基準にかかる議論の方向性を決定付ける重要な会合となった。

前述の通り、この会合でFSBは9社の保険会社をG-SIIsと認定し、再建・破綻処理関係の国際基準を適用することを決定し、同年7月にそのリストを公表した。さらにFSBはIAISに対して次の要請をした。

① **G-SIIsに適用される基礎的な資本基準を2014年までに作成し、それに基づく上乗せ資本基準を2015年までに完成させる。**

② **それらの資本基準をもとに、国際的に活動する保険会社全体に適用できるような、リスクに基づいた国際資本基準を策定する。そのための具体的な計画を2013年10月までにFSBへ提出する。**

IAISではこの要請を執行委員会で議論し、全面的に受け入れることで合意。受け入れないという選択肢もあったが、そうすれば、FSBがIAISをもはやあてにせず自ら保険の資本基準をつくり始めることは予想できた。**IAISとしては保険の国際基準策定主体として、自ら資本基準をつくることを選択した**。こうしてついに保険の国際資本基準をつくり出す機が熟した。

この時の決定のなかで、目立たないが重要なのは、**保険の国際資本基準が適用される対象をG-SIIsに限定せず、より包括的に「国際的に活動する保険会社グループ」（Internationally Active Insurance Groups：IAIGs）を対象としたこと**である。この決定は、その後の国際基準における大きな柱となっていく。

2013年9月のIAIS執行委員会では、国際資本基準づくりの作業計画として、2015年までにG-SIIsに適用される保険の基礎的資本基準（Basic Capital Requirements：BCRs）と、その上乗せ資本基準であるHLA（Higher Loss Absorbency）を策定し、2016年までには「国際的に活動する保険会社グループ」（およびG-SIIs）に適用するための、基礎的資本基準に代わるリスク感応的な資本基準を策定する計画を承認した。

この作業計画の合意も意義が非常に大きい。何事もそうであるが、目標に合意しても、締め切りに合意していないと、目標は実現しない。特に国際合意を目指す活動では、実現のタイミングを共有していないと作業は終わらない。

保険の国際資本基準づくりはその計画にほぼ従い、まずは基礎的資本基準を2014年10月に完成。さらにその上乗せ資本基準であるHLAを2015年10月に完成させ公表した。それと同時に、保険会社のリスクをより精密に考慮したリスクベースの資本基準づくりを開始した。

IAISは国際的に活動する保険会社に適応されるリスク感応的な国際保険資本基準について、2017年末にそのVersion1.0を完成。2019年末にそのVersion2.0を完成させ、2025年から各国へ適用するための準備を現在進めている。

2008年の金融危機の発生後、**G-SIIsの認定基準、G-SIIsの認定さらに保険の国際資本基準の土台の策定という、国際規制の重要課題に対し、数年間という限られた時間内に解決策をつくりあげたのは、経験も資源もなかったIAISにとっては目覚ましい成果である。**

FSBの活動を通じて確立した連携体制

銀行と保険会社を含むG-SIFIsに関する基準策定作業は、前述の通りバーゼル銀行監督委員会とIAISの担当委員会や作業部会で検討され、それぞれの組織を代表する委員会で承認された後、その内容がFSBの規制監督上の協調にかかる常設委員会（Standing Committee on

Supervisory and Regulatory Cooperation：ＳＲＣ）で議論され、その上位のＦＳＢ本会合で承認され、最終的にＧ20に報告する体制で行われた。

２０１０年秋にＦＳＢでＧ-ＳＩＦＩｓの規制基準のフレームワークと作業計画が合意されてからＩＡＩＳでは担当委員会や部会が毎月開催され、さらにＦＳＢの委員会や総会などもほぼ毎月のように開催されていたため、超多忙の日々が数年続く。この間はＦＳＢを中心に関係者が一致協力して制度改革に取り組み、異なる金融分野や組織の代表がＦＳＢの活動を通じて緊密に連携する体制が築かれた。

この時の経験は、金融当局者間の連携体制がその後も有効に機能する土台となっている。たとえば、コロナ禍で金融システムが不安定に陥った際に、各国金融当局の連携が速やかに取られ、タイムリーで的確な対応ができたのは、２００８年の金融危機での協力関係が確立されたことが大きく寄与している。

Ｇ-ＳＩＩｓ認定後の苦悩

ＩＡＩＳは２０１３年から２０１６年までＧ-ＳＩＩｓの認定を続け、それを裏付けるデータの精度や質も向上していった。3年ごとにその認定基準を見直すという方針に従って、2016年にそれまでの経験を踏まえて認定基準の見直しを行った。認定基準はより強固になり、より透明化したほか、G-SIIsの認定基準にとって重要な要素である**「〝伝統的な保険〟以外の活動」**（Non Traditional and Non Insurance activities）という概念も分析によって精緻化され、精度の高い認定基準が誕生した。

一方でG-SIIsに認定された保険会社は、保険会社にシステム上のリスクはないとの論陣を張り、反論を繰り返す。民間保険会社との意見交換のたびに、激しい議論となった。上乗せ資本基準であるHLAを達成するには、保険会社はリスクを取る活動に制限をかける必要があるので、特に抵抗が強かった。

FSBの規制改革論議でも保険が頻繁に議論されるようになった。時には保険にテーマを絞って、FSBで丸1日議論をしたこともある。2013年から2016年の間に特に議論が分かれたのが、再保険会社の取り扱いである。

IAISはまず、再保険と金融安定に関する分析を2012年7月に発表。再保険会社のシステム上のリスクは保険会社と同様に「〝伝統的な（再）保険〟以外の活動」にあるとし、保険会社と同様の認定基準が有効であると結論付けた。その基準に基づき、認定作業を行っていたが、結論部分でどうしてもメンバー間で合意できず認定に至らなかった。

さらに、２０１６年のアメリカの政権交代の影響もあり、アメリカで銀行以外のシステム上重要な金融機関に該当する「ノンバンクＳＩＦＩ」の認定を担う組織である金融安定監視評議会（Financial Stability Oversight Council）が方針転換をし、２０１７年末に保険会社に関しては保険会社を〝組織（entity）〟として認定するのではなく、そのシステム上重要な活動に注目し、必要に応じてその活動を規制することを提唱。そして、それまで「ノンバンクＳＩＦＩ」としていた保険会社の認定も取り消した。

その影響は大きく、ＦＳＢは結局、２０１７年以降新たなＧ-ＳＩＩｓの認定は行わず、ＩＡＩＳは２０２２年末に、個別に保険会社をＧ-ＳＩＩｓに認定して厳しい監督基準を適用するのではなく、システム上重要な活動に注目して市場や保険会社の活動をモニタリングし、必要に応じて各国が対応するという方針を採用することで合意し、ＦＳＢもその方針を採択した。

確かにシステミックリスクは、前述の通り、資産と負債の保有期間（マチュリティ）の違いによって起こり得る流動性危機と、それによって発生し得る取り付け危機が根源的な問題だ。そのような活動を監視するのは重要である。

一方で、先の金融危機で明らかになった通り、個別の金融機関におけるリスクもまた、それが引き金となり世界的な危機を引き起こすことにつながる。**保険会社を含む金融機関の活動をシステム上のリスクの観点から国際的に協力してモニタリングし、必要があればＧ-ＳＩＦＩｓとし**

て認定し、厳しい監督基準を課していくことは、今後とも重要な政策だと筆者は考える。

金融危機は死角から忍び寄る

ここまで、2008年の金融危機から始まった国際金融規制改革について述べてきた。ここでは、FSBのメンバーとして、そして、IAISの事務局長として、金融危機の経験や金融制度改革から学んだことのいくつかを振り返ってみたい。

金融危機はみえないところから忍び寄ってくる。たとえば、国際金融システムの安定のためにモニタリングを行い、必要な対策を導入するためにG7の肝いりで設立されたはずのFSFにおいても、金融危機の直前の2006年中旬になっても危機発生リスクを見抜けず、危機防止対策を取るどころか、当時の銀行国際資本基準等を名指しし、規制が過剰である（Regulatory Overload）という議論が参加者の賛同を得ていたことは前述の通りだ。なぜこのようなことになるのか――。

一言でいえば、**当局者は市場のリスクをすべて認識できているわけではない**からだ。当局者のみえない部分（死角）にリスクが蓄積し、そこから危機が忍び寄ってくる。アメリカ不動産市場での信用リスクの悪化、シャドーバンキングの急成長、巨大金融機関の連関の強まり、そしてリスクの集中等、２００６年の時点でまさにシステミックリスクがマグマのように蓄積されてきていたが、当局者にはみえていなかった。シャドーバンキング、サブプライムローン等が活発化しても、金融監督当局者の管轄外にあったため、実態を正確に把握するための術がなかった。これは、**規制当局が規制範囲（銀行、保険、証券等）を定義し、その範囲内でのみ規制をする現在の規制のあり方の弱点である**。

金融危機以降、個々の金融機関や個々の業種にとらわれず金融市場を俯瞰して規制する手法（macro prudential regulation）が提唱され、導入されてきているが、有効な手法の確立等はまだまだであるのが現状である。

世界の金融システムは精緻なガラス細工

金融危機はアメリカのサブプライムローンという、アメリカ経済全体にとっては限定された金融分野の問題が発端になり、世界経済全体に甚大な損害が及んだ。１９９７年のタイを中心に始まった金融危機がアジアのみならず世界経済に負の影響を与えた状況もこれと似ている。また、

2020年のコロナ危機でサプライチェーンの一部が分断されたことで、サプライチェーン全体に被害が及び、世界経済が膨大な損害を受けたのもこのような世界経済の脆さを象徴している。**世界経済・金融システムはあたかも精巧に組み合わされたガラス細工のような弱さがある。**経済や金融のグローバル化、相互連関の強化により、経済や金融は効率化し利便性が高まった反面、1カ所が崩れると全体も崩れるという脆弱性があるのだ。

このように繊細な世界経済・金融システムを改善し、どの部分を叩いても割れにくい強靭性と、割れても全体に広がらないような耐久性、割れてもすぐに復元するしなやかさを醸成することが喫緊の課題だが、この対策が現在も十分に進捗しているとは言い難い。

金融危機では溜まったマグマが爆発する

2007年中盤からマグマのように蓄積したシステム上のリスクは、所々で吹き出していた。同年7月末にドイツの銀行IKBが流動性の問題から危機に陥り、8月にフランス有数の銀行であるBNPパリバが傘下の巨額（190億ユーロ）の投資ファンドの資産を凍結、9月にはイギリスの銀行ノーザン・ロックで取り付け騒ぎが発生した。そして、2008年3月にアメリカの有数の投資銀行ベアー・スターンズで危機などが相次いだ。

その後は一時、状態は沈静化したかのようにみえたが、２００８年９月、アメリカの政府系不動産貸付会社のファニーメイ（連邦住宅抵当公庫）とフレディマック（連邦住宅貸付抵当公社）の危機で金融不安は一気に高まり、９月中旬のリーマン・ブラザーズの倒産とＡＩＧ危機でそのマグマが爆発し、市場は機能不全に陥る。それを受けた主要国政府による金融への全面的な救済や支援により、２００９年後半より市場が徐々に回復していく。

この動きをみてわかるのは、**ひとたびマグマが噴き出すとそれを沈静化するのは困難**であるということだ。爆発するとその被害は甚大になり、政府が全面的な救済や支援をしないとさらなる大爆発を誘発し、世界経済にさらに甚大な損害を及ぼす。**２００８年の金融危機以降、先進国、新興国共に債務が累積し、コロナ危機でそれがさらに悪化している現在の金融システムは、ＢＩＳが２０２３年６月に発表した年次報告（BIS Annual Economic Report）でも分析されているように、リスクが急速に蓄積しているのであるが、表面上はそれがみえていないのが現状だ。**

金融システムの弱点を炙り出す

金融危機は金融システムの弱点を見事に炙り出す。たとえば、G－SIFIsは2008年の金融危機以前、その存在やリスクは語られることはあっても、政府や当局者がそのために特別な対応を取るほどではなかった。しかしリーマン・ブラザーズの倒産、AIG危機により、そのリスクが顕在化し、G－SIFIsという存在の大きさとそのリスクが現実のものとして認識された。シャドーバンキングにしても同様だ。危機を誘発する可能性のある規制が及ばない金融分野が存在することは金融危機以前から語られていたが、**金融危機でその巨大な規模と影響度、問題点が赤裸々になった**。

金融機関の連関性についてもしかりだ。金融危機以前にも、その連関性は指摘されてきてはいたが、金融危機後に大手金融機関の取引を精緻に調べてみて、はじめて実態が明らかになった。限られた大手金融機関間の取引が、国際金融取引の大部分を占めており、緊密に連関していることが明らかになった。

規制より経営者の意識と企業統治が大切

ＡＩＧ危機に際し、アメリカ政府は総額１８２０億ドルに及ぶ公的資金を投入してＡＩＧを救済し、１９３０年代の世界恐慌に匹敵するような大恐慌に陥るのをギリギリで回避した。ＡＩＧは金融危機以前、経営は安定し、継続的に高収益をあげ、世界中に事業展開する保険業界で最強とまでいわれていた会社であった。

ＡＩＧのＣＥＯを２００５年まで40年近く務めたハンク・グリーンバーグ（Hank Greenberg）はそのようなＡＩＧをつくりあげた立役者である。２００４年に世界中の大手保険会社の社長数十名が集う会合で、筆者が規制当局の代表として話をする機会があった。国際規制の動向と重要性について話をした後、その場に出席していたハンク・グリーンバークは突然、「保険規制は高すぎる。１億ドルもかかる」とだけ発言し、その会合が終わった。最強の保険会社ＡＩＧのトップは規制をコストとしてしかみていないのかと筆者は驚いた。実際、ＡＩＧは当時、規制の緩いアメリカの貯蓄金融機関監督局（Office of Thrift Supervision：ＯＴＳ）にグループ監督を受け、規制にかけるコストや労力を最小限に抑えていた。

ハンク・グリーンバークの後任でＡＩＧ危機時の社長であったマーチン・サリバン（Martin J.

Sullivan）と危機後に、対話をする機会があった。彼が筆者に強調していたのは「ＡＩＧの危機は保険業務から引き起こされた問題ではない」（AIG's crisis is not caused by insurance operation.）ということだ。筆者はこの発言の真意を測りかねた。ＡＩＧ危機が発生したのは、保険業務の問題ではないと主張して、何の意味があるのか。

確かにＡＩＧ危機の引き金は、ＡＩＧの金融商品部門による金融派生商品の膨大な損失と流動性欠如の問題であり、伝統的な保険業務から発生した問題ではない。しかし、伝統的な保険業務が順調にいっていたからこそ、ＡＩＧはその信用力をもとに金融派生商品業務が大きくなったわけであり、グループ全体を統括するＣＥＯは保険業務とそれ以外を切り離して考えるのではなく、全体をみる立場であるはずだ。

ＡＩＧ危機は、その根源に組織全体としてのリスク統治の欠如があった。それは企業統治の問題ではあるのだが、その根源を突き詰めれば経営者のリスク意識の欠如あるいは死角に行き着く。もし経営者にみえないリスクがあれば、会社はそのリスクに晒される。死角があれば、それが組織の危機の発端になる。ＡＩＧ危機以降、様々な規制議論が起こり、規制当局が資本規制、流動性規制、グループ監督規制等を整備し監督に活かしてきたが、最終的には経営者の意識や視点が決定的に重要であると思う。経営者にリスク管理のマインドが十分でなければ、保険会社は持続しない。リスクをみる社員がいて、そのリスクを伝え、経営者が聴くこと、そのような企業統治ができている企業は強い。規制はあくまで、健全な経営を補完するものにしかすぎない。特に業務の国際化、多角化、ＡＩ導入や技術革新が進展する現在、全体像をみて経営をすることはますます重要になってきている。経営者のリスクに対する意識や企業統治の大切さについて強調したい。

平時の金融規制と危機対応の違い

平時の金融規制と危機対応は、関連はあるものの、別物である。しかし、この真理はよく理解されていない。平時は消費者保護、投資家保護と金融安定のために金融規制が大事な役割を果たすが、金融危機が発生すると、規制だけでは決して対応できない。平時は常識で解決できる可能性があるが、危機時は常識では解決できないのだ。危機時は人々が、市場が、パニックになり、常識的な行動を取らなくなる、あるいは取れなくなるからである。

そのため、危機時には特別な措置が不可欠だ。これは、人間にたとえれば、健康であれば定期的な健康診断を受け、軽い怪我や病気であれば病院に通えばよいが、危機的な事態になったら特別な治療や手術を緊急に受けなければならないのと似ている。

我々が金融危機の教訓として学んだのは、大きく次の2つがある。

① **平時の対策として、危機が発生する可能性の低減とともに、発生したとしてもそのインパクトを抑制するために、有効な規制の手立てを取ること。**

たとえばG-SIFIsに対する特別な規制や、シャドーバンキング分野へのモニタリングや規制、あるいは金融機関が資本や流動性リスクに対して一層の手当てをすること等がそれにあたる。人にたとえれば健康を維持するために、有効な運動や健康チェックを行うことにあたる。

② **危機が発生したらあるいは危機が発生しそうになったら、政府の救済（流動性の供給、金融機関への資本の注入、政府保証）等をできるだけ速やかに大胆に行うこと。**

これは、緊急時に備え、24時間万全の体制がある緊急病棟や救急車を整え、必要な時にそれをタイムリーに活用することに相当する。

①については、FSBでの議論を経て、規制改革が行われ手当てがされてきたが、②については、国によっては金融危機後も整備が進んでいない。

日本は1990年代後半からの金融危機を経て危機体制はかなり整備されているが、アメリカでは、2008年の世界的な金融危機後に、金融機関が公的資金で救済されることに対し、議会は強い懸念を持ち、FRB（Federal Reserve Board：アメリカ連邦準備制度理事会）が銀行以外の金融機関に流動性を供給することがより困難になった。

また、アメリカではそれ以外にも緊急時への対応に弱点があるのが、2023年3月のシリコンバレー銀行（SVB）の破綻によって露呈した。SVBは高流動性資産を有していたにもかかわらずFRBに担保を差し入れて緊急借入を行うための体制が整備されていないために破綻し、金融市場が動揺し、政府の支援が必要となった。

金融のグローバル化が進むなかで、このような状況はアメリカ以外の国にとっても懸念材料である。このほか、多くの国で公的資金による対応への拒否反応が持たれているのも、ある意味では当然であり理解はできるものの、危機に陥った時に速やかに対応できるのか非常に気掛かりである。

鉄は熱いうちに打て

金融危機によって炙り出された金融規制や金融システムの弱点は、**速やかに是正すべきである**。人間の記憶は長く続かない。「鉄は熱いうちに打て」である。

危機直後には、大きな金融規制改革が実施されるが、時間の経過に伴い、政治の視点は今日の政《まつりごと》に集中し、将来の備え（危機の防止や予防）は二の次になる。2008年の金融危機も、金融当局者のなかでも語れる人が減り、語られることはほとんどなくなった。G-SIIsの規制改革は、金融危機から時間がかかりすぎたために実現ができなかった。保険の国際資本基準の確立についても金融危機直後に作業がもっと素早く進められていれば、はるかに順調に議論が進んだはずである。

何事も機が熟したら、速やかに実現すべきである。

コラム

「原則」と「ルール」どちらを中心にするか

●原則とルールのバランス

国際基準は基本的にすべての加盟国が遵守することを目的として策定されるので、細かいルールを定めるのではなく、原則を定める場合が普通である。これは国際基準のみならず、各国の規制でも細かいルールを定めるやり方（Rule based）を見直し、原則中心（Principle based）にしていくべきである、との議論に通じるものだ。しかし、原則中心での監督基準や規制は、規制当局者の解釈がまちまちであったり、規制が適用される際の恣意性が高くなったりするので、ある程度具体的な運用基準が必要になってくる場合が多い。すなわち規制では、原則とルールのバランスを取ることが求められる。

国際基準についてはそのバランスは金融市場や金融機関のグローバル化の展開とも密接に関係している。国際保険資本基準を例にしてみると、2000年に資本規制に関する原則が保険監督原則のなかに明記されたが、2008年の世界的な金融危機の際に明らかになったようにAIGのような国際的に活動する保険会社を適切に規制するためには、より詳細な国際基準が必要であった。このため必要な資本を数値化して定める国際保険資本基準を策定することとなったのである。

さらに銀行の資本基準をみてみると、単純さ（simplicity）が重要であるといいつつ、最初につくられた数値化された国際資本基準であるバーゼルIと、現在の資本基準バーゼルIIIを比較すると、バーゼルIIIの方がはるかに詳細で複雑な基準となっている。

規制において原則とルールのバランスを保つのは決して容易ではないことの証左でもある。

コラム

プロテクション・ギャップの是正――これからの課題

●保険は現代社会でその機能を十分に果たしているか

本章では、2008年の世界的な金融危機の経験に基づいた金融規制改革、特に保険規制改革について触れてきた。その改革の根底には、国際化した保険業が「人々や様々な組織に安心や安全を届け、社会の安定や成長に貢献する」という保険の役割を果たすために、どのような規制や体制が必要か、という政策・規制当局者の思いがある。

しかし、世界の現状をみてみると、保険は本当に現代社会でその機能を十分に果たしているのだろうか。気候変動に伴う自然災害の増加とその激甚化、先進国での高齢化と少子化、新興国への成長のバランスの移行等、保険を取り巻く環境は大きく変化してきている。

そのなかで日本国内の保険業をみてみると、変革の時を迎えている。生命保険では、人口減少で、保険を提供する人々自体が減ってきている一方で、高齢化の進展により、健康維持や貯蓄、年金のニーズが増大している。損害保険では、車の保有台数がほとんど増加しないなか、自動運転が今後普及してくると、既存の保険の対象が減少してくることが見込まれる。また自然災害の分野では、気候変動を要因とした大規模災害が増加し、その補償が今後ますます求められる。

海外に目を移すと、先進国では日本と同じような状況である国が多いが、新興国では経済が成長し、人口も増加しているものの、保険の普及がなかなか進んでいない。そのような現状のなかで、保険会社は、自国だけでなく、海外へのビジネスを強化するほか、AI等の技術革新を利用し、新たなビジネスの展開や既存業務の見直しを行ってきている。

それでも世界全体でみると、保険が環境の変化に対応して十分に機能しているとは言い難い。自然災害に伴う経済損失や将来の備えである年金の不足はますます大きくなっているが、それを保険や年金で補償する仕組みはなかなか普及が進まず、そのギャップは年々増加している。**何かが起こった時に備えがない、損失をカバーする手立てがない事態は、個々人の生活や企業の経営に深刻な影響を及ぼすのみならず、国の財政を圧迫し、経済の成長を阻害する。**

経済損失や将来必要な資金と、それをカバーする保険や年金との差を、**プロテクション・ギャップ**という。プロテクション・ギャップは世界中で増加傾向にある。たとえば自然災害の損害のうち、多くのアジアの国々ではその10%も保険でカバーされていない。保険が普及している日本でもそのカバー率は35%程度である（OECD（経済協力開発機構）推計、2000年から2019年までの平均）。

先進国（G7）の政策当局首脳もこの問題に注目し、民間と政府が協調して、プロテクション・ギャップを縮小することの重要性を訴えている（2023年5月13日G7財務大臣・中央銀行総裁声明）。プロテクション・ギャップを減少させることは個人、企業、政府が協力して解決を目指すべき社会課題である。

●解決の手段

この課題の解決には、いくつかの手段がある皆が今100円納めれば、いざという時に10万円、100万円の補償を受けられるのが保険である。まずは保険の大切さを個人、企業、政府がもっと認識・理解し、加入することである。さらに、保険が成り立つための基盤（たとえばデータやモデル）を整備することが肝要だ。新興国はもちろんのこと、先進国でもリスクによってはデータやモデルが未整備であるために、適切な保険が提供できていない。これらの点は個々の民間保険会社の努力のみならず、政府、規制当局と民間保険会社の協力を一層強化して解決すべきである。それによって保険の重要性の認識が国民に広く普及し、保険の基盤が整備されれば、保険がより効率的に提供できるようになる。

また、災害が多発したり、激甚化することで保険料が高騰し、保険として成り立たなくなったりするような事態の場合は、政府と民間が協調して解決策を見出すべきである。たとえば日本の地震保険のように、一定額以上の損害が発生した場合は政府が補償を提供するような仕組みが考えられる。このような仕組みがあれば、大災害が発生した場合でも、多くの国民が保険による補償を受けられ、災害時の財政支出を抑えられるメリットもある。

●是正の動きが活発化

実際、国際的にはプロテクション・ギャップの解決に向けて、政府、規制当局、保険会社、国際機関等が問題意識を共有し、その解決策を模索し、実行に移し始めてきている。筆者が会長を務めるOECD保険・私的年金委員会、SEADRIF（Southeast Asia Disaster Risk Insurance Facility）や、Global Asia Insurance Initiative（GAIP）はそれぞれ異なった観点からプロテクション・ギャップを縮小するために、民間と政府の協力を促進しながら活動している。OECDでは巨大災害に関するプロテクション・ギャップを縮小するための国際基準を2017年に制定し、OECD加盟国に限らず、世界中へその普及を図っている。またSEADRIFは、ASEAN諸国のプロテクション・ギャップを縮小するために、ASEAN諸国、日本、中国、韓国政府が協力し保険の普及を図る組織だ。そして、Global Asia Insurance Initiativeではアジアの民間保険会社、規制当局、大学が協力し、アジア全体のプロテクション・ギャップを縮小するための体制整備（データやモデル、専門家の育成等）や政策整備に貢献している。さらにグローバルにはIDF（Insurance Development Forum）が民間保険会社、国連、世界銀行等と協力し、気候変動に関わるプロテクション・ギャップの縮小に向けて活動し、新興国で実際に保険を提供してきている。

これらすべての活動が過去数年に始まった活動であり、これらを今後一層推進していくことで、プロテクション・ギャップの是正の動きを世界で加速させ、保険が社会に一層の貢献を果たしていく大きな流れをつくっていくべきである。

補 章

特別対談

Ⅰ コミュニケーションで意思決定の精度を高める

東京海上ホールディングス株式会社取締役社長（代表取締役）グループCEO

小宮 暁《さとる》 氏

Ⅱ 自然災害に係るプロテクション・ギャップへの対応が重要

金融庁 金融国際審議官 有泉 秀《しげる》 氏

Ⅲ 単一の国際保険資本基準の実現に向けて、より緊密な連携を期待

IAIS事務局長 ジョナサン・ディクソン（Jonathan Dixon）氏

I

コミュニケーションで意思決定の精度を高める

東京海上ホールディングス株式会社取締役社長（代表取締役）グループCEO
小宮 暁《さとる》 氏

1983年東京海上火災保険株式会社（現・東京海上日動火災保険）入社。2015年東京海上ホールディングス執行役員経営企画部長。2016年常務執行役員、同年から1年間コロンビア大学に留学。2018年専務執行役員。2019年から現職。

自分の意見をはっきり表現すること

――河合（筆者）　小宮さんと私は東京海上火災保険に1983年に入社した同期の間柄。お互い、最初は国内の仕事に従事していたが、ひょんなことから海外に出る機会を得た。国際社会に舞台を広げた際、苦労したことはあるか。

小宮　アメリカのコロンビア大学への留学を命じられ、2016年から1年間、55歳にして生まれてはじめて海外生活をすることになった。アメリカに行ってよかったと思うのが、自分がマイノリティになるという経験をしたこと。留学中、人から「あなたはどう思うか」「会社（東京海上）ではどうか」「日本はどうなのか」と問われ、自分の意見を伝える機会がかなりたくさんあった。私を一生懸命理解しようとしてくれるからこそ尋ねてくれるのであり、答えられないとお互いのリスペクトにつながらない。日本では（自分が経験したように）新卒で皆が一斉に入社するのが一般的であり、阿吽の呼吸で通じるが、アメリカではそれができない。そこで、自分の意見をきちんと説明するという経験をしたのは、非常に勉強になった。

東京海上では、今、ダイバーシティ&インクルージョン（D&I）の一環で「MIZUプロジェクト」に真剣に取り組んでいる。魚を例に取ると、海水魚は淡水では生きていけないし、淡水魚は海水では生きていけない。水という環境は、人にとっては風土や文化だといえると思う。MIZUプロジェクトでは、違いがあってもそれぞれが個性を活かして活躍できるような場（コミュニティ）に向けて様々な取組みを進めている。

国際社会では、バックグラウンドが異なる人たちがたくさんいる。コミュニティに入るためには、自分の意見をはっきり表現することがとても重要となる。その際には、語学の壁もあって辛い思いもするが、しっかりとした意見があれば理解してもらえるし、それが嬉しい。国によっても違うだろうが、欧米ではとてもはっきりと共感を示してくれることもある。そういった積み重ねが励みになる。

――確かに私も同じような辛い経験をたくさんした。国際会議では、発言しなければ無視されるだけだ。「意見があれば発言する」というのは当然なのだが、なかなかそれができなかった。しかし、しっかり準備して、勇気を出して発言を重ねていくと会議での存在感が出てくるだけでなく、会議の後でも皆から話しかけられたり質問されたりして仲間の輪が広がり、会議が楽しくなっていった（第4章「発言しなければわかってもらえない」参照）。

「語学の壁」との指摘があったが、先日オンラインの記事で拝読した小宮さんと留学先のコロンビア大学の教授との英語での対談は見事で、教授も小宮さんの発言はA+（最高評価）だと発言していた。55歳ではじめて海外に出て、どうやってそうなったのか。

正直なところ語学ではまだ苦労しているが、少なくとも外国語のコミュニケーションで怖がらないためには、現地で勉強するのが一番だとわかった。ビジネスでも、皆と会って、関係を築くことが大事だ。私はもともと現場第一主義者だが、語学であれ仕事であれ、現場が大切だと考えている。

コロナ禍でのコミュニケーション

――コロナ禍では、対面で話すことが難しい面もあったのではないか。

コロナ禍により、オンラインで会議をすることには抵抗がなくなった。私は「コミュニケーションにやり過ぎはない」と思っているから、オンラインを含めてコミュニケーションの頻度が増すのはよいことだ。ただし、オンライン会議は一般にテーマが決まっていて、それ以外のことはあまり話さない。開始と終了の時間もきちんと決まっていて、皆がルールを守る。対面での会議のように、テーマとテーマの「間」や周縁部分でのコミュニケーションがあまりない。

また、オンラインでも本気度や情熱はある程度伝わるが、五感を使っているという意味で、リアルのコミュニケーションの効果には及ばない。たとえば、上司と部下の関係で、「いつも君のことを叱るのは、期待しているから」「君のことを思うからこそ」といったところで、オンラインだと伝わりづらい。顔色や息遣い、熱量や、実際に握手をしたり、話したり、ハグしたりというなかで伝わるものもある。

私の場合、コロナ禍ではオンラインでの打ち合わせをかなり頻繁にやっていたが、どうしても対面でのコミュニケーションが必要となることもあった。その場合、海外へも、感染症対策や帰国後の隔離を覚悟しつつ出張した。久々に対面で同僚と会った瞬間に、嬉しくて涙が出たこともある。今は国内外で正常に移動ができるようになり、対面でのコミュニケーションに再び注力している。会議や打ち合わせなどのオンタイムだけではなく、どこかに一緒に出向いている時や、休憩時間やディナー等のオフタイムも大事だ。

私は、コミュニケーションとは、自分の考えていることや戦略に魂を入れること、そのものだと考えている。組織内でのコミュニケーションについては、常に声を掛け合うような、サッカーチームのような組織を理想としている。必要な時にはフォワードでも守りの役目を果たす、バックス（ディフェンダー）でも前に攻めていくといったようなイメージだ。

組織の力は、一人ひとりが持っている専門性と、コミュニケーションの掛け算だと考えている。たとえノーベル賞級の専門家がいても、コミュニケーションがゼロだと、ビジネスにはならない。

――確かにコミュニケーションは、うまくいけば組織力を倍増させるが、うまくいかない場合は組織力をゼロかマイナスにするほど重要だ。しかし、それをわかっている人は案外少ない。「聴く」「話す」「一緒に考える」といったことが、一見誰でもできるようにみえるのが落とし穴になっているのかもしれない。

私が大学で教鞭をとっていて感じるのは、コミュニケーションを教える場がないか、あっても軽んじられていること。ビジネスの現場だけでなく、教育の現場の意識改革が必要だと思う。IAISで事務局長を務めていたときのことを思い返しても、オフィスで発生する問題の半分以上がコミュニケーションに起因する問題だった。特に非対面のコミュニケーションの場合、誤解が生じやすいし、誤解が生じてからも解決が難しい。小宮さんの「コミュニケーションにやり過ぎはない」という指摘は、まさにコミュニケーションの真髄だと思う。

事態がこじれた時、こじれそうな時こそコミュニケーションを取るべきなのに、それを避ける人は多い。意見が対立している人、しそうな人とこそコミュニケーションを取るべきなのに、そうしない。「コミュニケーションにやり過ぎはない」と心で唱えてともかく対話をすれば解決の道がみえてくると思う（第4章「つながることの大切さ」「優れた解を共に見つける」参照）。

私は、IAIS執行委員会の副議長から自分が事務局長として不適任だといわれたり、部下からリーダー失格との評価を受けたりしたことで、コミュニケーションの大切さが身に染みた

（第5章参照）。振り返ってみれば、そのような難局がなければ今の自分はいなかったと思う。

裸の王様にならないために

――国際社会で働くうえで、小宮さんは自分の強みをどう活かしているのか。

強みは、自分の根っこの部分が、積極的にコミュニケーションを取ろうとしているところ。

――確かに小宮さんは積極的で明るいし、話しやすい（笑）。

コロンビア大学での留学時、大学とあわせて4カ月ほど英語学校に通っていた時のことをよく覚えている。文法や語彙の知識はあり、ある程度発言はできても、相手が何をいったのかがわからないことが多く、大変だった。ヨーロッパや南米、中東、アジア等、様々な国から留学生が来ていたが、私が一番の年配。自分の子どもよりも若い学生に囲まれて授業を受けていた。授業中、私は一生懸命に先生の話を聞いていた。だが、先生の指示を受けて周りが何か作業を始めてびっくりしたことがあった。自分だけ聞き取れていなかったということで、今思い出しても辛い思い出だ。ただ、年齢の差を超え、コミュニケーションを取ることに努めた結果、嬉しいことに、留学生仲間とは一緒に遊びに行く関係にまでなった。

ビジネスの方では、日本に帰国した後は海外担当の副総括を務め、英語で行われる取締役会にも出席することになった。そういった場で発言しないわけにはいかないので、自分でいくつも想定問答を用意して臨んだ。あまり的を射るものでなかったり、既に説明されていたりといった場面もあったが、他方で、色々と発言するのも大事だと思う。積極的に発言することで、「小宮というのは、何でも腕まくりして入ってくる奴なのかな」と思ってもらえる（笑）。

——弱みはどうか。

私の悪いところは、心配性で落ち着きがなく、ハンズ・オンになりすぎて、すぐに何でも口出ししようとするところ。経営上、仕方がない面もあるが。

——冷静にご自身をみていらっしゃいますね（笑）。

心がけているのは、自分の意思決定のレベルを質・スピードの両面で上げること。そのために、周囲から率直なフィードバックをしてもらえる関係をつくろうとしている。私が何でも腕まくりして関与して発言するものだから、社内では「そうですね」と同意されることが多いのだが、おかしいことがあれば「これはおかしい」といってほしい。日本人にはこれがなかなか難しいらしく、常々「裸の王様にしないで」と頼んでいる。

意思決定の精度を高めるには、どれだけ違う観点を持ち、違う角度で考え、経験を活かしていくかが重要だ。仮説検証サイクルをとり、まずは外部とのコミュニケーションも含めて意見を聞いて考え、実行して世に問う。そしてフィードバックをもらって、またブラッシュアップする。こういったサイクルを、社内でも、ステークホルダーとも回して、意思決定のアップグレードをすることを目指している。

社内向けのメッセージ動画を毎月出しているのだが、「国内・海外問わず率直なフィードバックがほしい」というと、国内だけで百数十件の意見が集まる。グループCEOという立場であっても、率直にフィードバックをもらえるように仕掛けている。

――フィードバックの大切さは、全く同感だ。私もIAIS時代、上司・部下の立場に関係なくフィードバックを与え合うことを組織文化として定着させることにひたすら努めた（第5章「フィードバックは贈り物」参照）。とはいえ、部下から本音でフィードバックをもらうのはなかなか難しいと思う。努めていることはあるか。

「聴く」ことが大切だ。「聴く」ことには2つの意味がある。1つ目は、目の前の人の話をしっかり聴く。2つ目は、自分もどんどん質問をして、聴く。この2つの意味の「聴く」をしっかりとやらなければならない。

また、海外と比べると、日本は「本当にフィードバックしていいのか」と躊躇する人が多いから、フィードバックしてもらったら、それを受けて実際に改善することを意識し、行動で示していく。「いっていることとやっていることが同じ」と思ってもらえるように、有言実行し、提案や意見を本当にほしがっていると理解してもらう。「私がフィードバックしなければば！」といった〝我が事感〟を持ってもらえるように心がけている。

——聴いて、納得したら行動するということですね。確かに「聴く」ことは、簡単なようでうまくできている人は本当に少ない。自分も聴けていないなと感じて襟を正すことがある。相手を尊重し、相手の意見に関心を持ち、純粋に聴くことは、トレーニングのように意識をして絶えず心がけて訓練しないと身につかないスキルのような気がする（第4章「心を開いて聴く」参照）。

率直なフィードバック文化は、組織が大きくなると、特に上司が強調して実行しない限り、維持できないように思う。小宮さんは自らをChief Culture Offerといっていて、そのような文化の伝承を使命としているとお見受けする。

河合さんも覚えていると思うが、自分たちが会社に入りたての頃、「信念があったら、上司がノーといっても3回までは引き下がるな」と教わった。4回目となったら、上司と持っている情報が違うから、会社員である以上、従うことになるのだが、信念があれば、上司だからといって安易に妥協せずに主張することが大切だと思う。それを受けて、上司も立つ。このような文化を維持することが組織を強くするのだと思う。ただ、常にこの重要性について声を大にして唱え皆が実行しないと、この文化は消えてしまう。

組織文化を比べると、日本と欧米はコミュニケーションのスピード感が圧倒的に違う。欧米のグループカンパニーは、何かあればパッと私にいってくる。やってみて、それを修正しながらブラッシュアップしていこうというのが常だ。一方、細かいところも含めて一生懸命詰めて、完璧に仕上げたうえで、「じゃあ行こう」というのが日本。よい面でもあるのだが、比較するとどうしても遅い。

――確かにコミュニケーションのスピード感やタイミングは重要ですね。最後に、小宮さんが、将来に向けて考えていることを聞きたい。

今のやり方を続けているだけでは、成長にも収益にも結びつかない。新しい成長軌道を手繰り寄せて、次の世代が安心して新しいことに挑戦できるようにしたい。

保険はピープルビジネスだ。保険は昔は紙と鉛筆の商売だったが、テクノロジーが出てきて紙と鉛筆はなくなった（笑）。しかし、人のためのビジネスということに変わりはない。「世のため人のためのビジネス」をグローバルに経営できる人たちを育てて、社会の役に立ちたい。

――ピープルビジネスである「保険」に挑戦するグローバルな人材を育てるということですね。

素晴らしい。「グローバルな人材を育てる」という夢に大いに共感する。私も日本に戻ってきてまずやりたかったのが、国際的に活躍しようとする人たちが可能性を開花させるのを応援することだ。そのために、似たような経験を積んできた同志と協力して会社を設立し、政府機関や国際企業に研修やワークショップを提供してきている。

特に保険についていえば、巨大災害が世界中で年々増加しているのに、「いざ」という時のための「保険」がアジアで普及が進んでいない現状がある。いわゆるプロテクション・ギャップだが、それが縮まらない根源的な問題は、人材不足にあると思う。今、私が会長を務めているSEADRIF（Southeast Asia Disaster Risk Insurance Facility：東南アジア災害リスク保険機構）という日本、中国、韓国の政府とASEAN諸国政府が協力して設立した保険機構と、同じく私が会長をしているGlobal Asia Insurance Partnership（GAIP）というアジアの産官学からなる国際機関は共に、アジアのプロテクション・ギャップの解消を組織理念とし、人材育成をその重要な活動としている。ぜひ、日本に限らず、アジアや世界で保険のグローバル経営人材を育て、「世のため人のためのビジネス」のますますの普及をしてもらいたい。

Ⅱ

自然災害に係るプロテクション・ギャップへの対応が重要

金融庁　金融国際審議官
有泉　秀《しげる》氏

1988年大蔵省（現・財務省）入省。1991年ハーバードロースクール修士課程修了。金融庁監督局証券課長、銀行第一課長、財務省主計局主計官、国際局為替市場課長、同局総務課長、金融庁総合政策局参事官、財務省大臣官房審議官、国際局次長、金融庁国際総括官を経て2023年７月より現職。2021年11月よりIAIS執行委員会共同副議長、2022年10月より証券監督者国際機構（IOSCO）代表理事会副議長。

金融仲介機能の発揮

――河合（筆者）　様々な金融に関する課題があるなか、有泉さんが金融庁で担当する国際関係では何を課題として捉えているか。

有泉　累次の金融危機の経験を踏まえると、最大の関心事は、現在金融システムが抱えているリスクや日本の実情を考慮し、グローバルな規制の枠組みとしてどのような姿を目指すべきか、ということである。一方で、金融は実体経済を支える役割を担っている以上、金融システムの安定だけではなく、実体経済が必要とする金融の機能を果たすことも重要なポイントである。金融庁としては、金融がそうした役割を果たしているかどうか、という観点もあわせて考えていく必要がある。金融庁には幸いその両面を推進するマンデート（権限）と知見が備わっているので、それらをうまく活かして議論していくことが重要だ。

――確かに国際的にみてもこの10年で、金融行政の目的に伝統的な規制・監督だけでなく金融仲介機能の発揮や促進が加わってきたと思う。たとえばフィンテックにおけるサンドボックス制度（新技術等実証制度）の活用のように、スタートアップによる市場への参入を金融当局が支援するような試みは典型例であろう。ただ、規制と金融機能促進のバランスを取るのは容易ではない。

これまでも、そしてこれからも、規制当局が金融システムの安定に軸足を置くことは変わらないだろう。しかし、たとえばＦＳＢ（金融安定理事会）でも取り上げられている、従来シャドーバンキングといわれていた「ノンバンク金融仲介」のように、金融システムの安定の観点から規制を導入するだけではなく、規制対象が果たしている役割や内包するリスク、実際に行われている取引等を理解したうえで、どのように金融仲介機能を発揮するべきかを考えることも不可欠だ。

途上国では保険の重要性の認識が不足

――有泉さんがＩＡＩＳの執行委員会副議長として推進し、２０２３年５月のＧ７財務大臣・中央銀行総裁会議のコミュニケでも取り上げられた自然災害に関するプロテクション・ギャップの縮小を目指す動きは、金融仲介機能の発揮や促進という金融庁の目的に適うと思うが、どのような理念で取り組まれているのか。

プロテクション・ギャップの是正を考える際には、まずは、これまで保険が十分行き届いていなかった地域や領域において、保険等のツールの普及を通じてどれだけリスク分散を促せるかが着眼点になる。自然災害に対応するうえで、保険は欠かせないツールだ。保険がカバーできる範囲を広げることは、個人にとっても、民間・公的セクターにとっても望ましいことだと思う。特に途上国では、何かあった時の備えとして、保険というコンセプトがもっと重要視されてよい。

――指摘があった通り、保険はいざという時に助けになる、人類の偉大な発明といえるが、それに気付いている人は少ない。先進国でもそうだが、途上国では特に顕著だ。

途上国では、災害が起きた時に頼れる先が親戚や政府に限られることも少なくない。しかし、災害はいつ起こるかわからないし、適切な支援や補償が迅速に行われるかも不透明だ。したがって、自分で幾分かのお金を前もって支払うことで補償を確実に受ける保険という仕組みは、自らの生活上のリスクを予測し、備えるためには極めて有益だ。他方、途上国においては、家計にそうした余裕がないこと、あるいは、ある程度余裕があったとしても、残念なことにその重要性が十分認識されていないことがある。まずは、途上国の実情を把握し、保険についてそのニーズを汲み取っていくこと、そして同時に、金融リテラシーを高めることが大切であり、当事国と一緒に考えながら、保険の普及に向け支援していくことが求められるだろう。

公的機関の関わり方

――確かに私も、2023年にSEADRIF（保険スキームの活用等を通じASEAN諸国の自然災害リスクに対する財務強靭性を高めることを目的とし、日本とASEAN諸国が連携して設立した組織）の会長に着任してから痛感しているのが、保険を提供する前に、まず保険の意義や機能、効果等をASEAN諸国政府関係者等によく理解してもらう必要があるということだ。プロテクション・ギャップを縮小するための官民連携（パブリック・プライベート・パートナーシップ（PPP））についてはどう考えるか。

自然災害におけるプロテクション・ギャップを縮小するための官民連携について考えていくことは重要な課題だ。これは、保険のみならず金融全体についてもいえることだ。

監督当局をはじめ、公的機関の関わり方には色々な方法があり得るだろう。たとえば、途上国の文脈では特に重要であるが、金融教育や関係者へのキャパシティー・ビルディングなどの知的支援において規制監督当局が果たせる点は多い。規制監督当局の立場からすると、さらに、たとえば、民間保険会社によるデータ収集の質・量の改善を促したり、リスクマネジメント体制の整備を促したりする、といった取組みも検討できるかもしれない。こうしたことを通じ、民間保険会社のリスク分析の高度化が図られ、今まで付保が困難と思われていた領域にビジネスが広がったり、ポートフォリオの多角化が進んだりする可能性もある。また、こうした取組みにより、保険会社は、より精緻な保険料率の設定や、防災・減災のリスク軽減に向けた保険契約者へのより適切なアドバイスを行うこともできる。これは、保険会社自身が自然災害への強靭性の強化に貢献していくという社会的な目的にも適うだろう。

なお、国際的にみると、規制監督当局のマンデートは、金融システムの安定という極めて狭い国から、金融システムの安定のみならず保険機能の円滑な発揮や保険市場の発展など広範な国があり、そうした違いを超えてＩＡＩＳなどで議論することはそれなりにチャレンジングな課題である。

――監督当局を超えて公的機関がプロテクション・ギャップの問題に取り組んでいくということは可能か。可能だとすれば具体的にどのようなことが考えられるのか。

金融庁などの規制監督当局を超えて公的な機関がプロテクション・ギャップの縮小に果たし得る役割はもちろんある。たとえば、途上国においては公的な機関が保険契約者の保険料を補助するということも考えられるし、公的な資金を活用することにより、付保への経済的なインセンティブを与えたり、民間が引き受けられない領域につき公的機関が支援するといったこともあり得るだろう。

他方で、公的資金を活用する際には、契約者や民間保険会社のモラルハザードを招かないよう留意していくことが必要である。また、国によっては財政事情が厳しいこともあろう。さらに、財政当局は保険数理や保険会社のビジネスに必ずしも精通していないため、こうした官民連携の枠組みを構築するにあたっては、規制監督当局の知識・経験を活用していくことも有益であろう。いずれにせよ、官民連携は、ある特定の方法が常に正解というわけではなく、国や領域の事情に応じて様々なやり方があってよいものだと思う。

ＥＵは、既にプロテクション・ギャップの是正を重要な政策課題と位置付けており、たとえば２０２３年4月には欧州保険・企業年金監督機構（European Insurance and Occupational Pensions Authority：ＥＩＯＰＡ）と欧州中央銀行（European Central Bank：ＥＣＢ）が協力し、ＥＵ域内の気候関連の自然災害に係るプロテクション・ギャップに対応するために、ＥＵ全体で何に取り組むべきかという観点からディスカッションペーパーをまとめている。そのなかでは、災害の頻度・強度に応じて分類しつつ、プロテクション・ギャップに対応するために取り得る政策の方向性を例示している。また、どういったコストを誰が負担すべきか、という議論にまで踏み込んでいる。

――確かに、ヨーロッパにおいてプロテクション・ギャップの議論は最近急速に進んでいると感じる。欧州保険・企業年金監督機構と欧州中央銀行のディスカッションペーパーはヨーロッパ全体の協力体制まで言及しており、今後のヨーロッパの展開には注目している。プロテクション・ギャップの是正に向けては、保険当局のみならず、幅広く行政全体が民間と連携することが重要ではないか。

プロテクション・ギャップの解消にあたっては、保険の普及、付保範囲の拡大という方策のみならず、想定される損害額を減少させていく取組みからも検討が必要だ。これは、広く自然災害対策という観点から官民の連携を考えていくことを意味する。

たとえば、保険会社はリスクに応じて保険料を設定し、顧客の適切なリスク認識を喚起し、防災・減災対策に寄与することはできる。他方で、それだけでは自然災害の防止という政策課題の解決はできず、最終的には社会全体として災害リスク自体を減らすためにどのような有効な対策を打てるのかがポイントになる。

こうした観点から、防災当局を含めた国や地方自治体と保険会社が対話し、連携・協力を深めていくことが極めて重要だと考えている。

アジアの保険市場

――プロテクション・ギャップの是正に向けた中・長期的な課題としては何があるか。

プロテクション・ギャップの概念は様々な種類のリスクに対して当てはめ得るものだが、自然災害への対応は、気候変動の文脈においても喫緊の政策課題であるとともに、保険という観点からはデータの収集・蓄積が比較的行われてきている領域であり、先進国も途上国も強い問題意識を持っている分野であるため、ＩＡＩＳにおいても、まずはこの問題から取り上げていこうということになっている。こうした民間保険としての取組みに加え、公的部門では、特に開発援助の文脈で、国際機関等が途上国政府に対して保険スキームを活用して支援を行う取組みが進んでいる。こうした公的セクターの開発援助を中心とした保険を活用した取組みと民間保険分野における取組みが相まって、自然災害への有効な処方箋となることを期待したい。

金融庁としては、プロテクション・ギャップの解消に向け、民間保険が有効に機能し、自然災害における損害が最小化されるとともに、そうした取組みを通じ、新たなビジネスチャンスが創出され、経済の活性化にもつながることを期待したい。こうした取組みは、結果として公的機関の負担軽減にもつながり得るだろう。日本としては、まずはアジアを念頭に置きつつ議論を提起していくのが妥当だと思う。

――確かにアジアのプロテクション・ギャップは深刻で、一向に是正されていない。まずは公的機関が行政として可能なことを行って種蒔きし、その後にマーケットの発展に応じて保険を普及させていくという形だろうか。今、世界銀行やアジア開発銀行等は、公的資金を提供することで民間だけでは投資しにくい案件（たとえばインフラ投資）に民間資金を呼び込むブレンデッドファイナンス（Blended Finance）に積極的に取り組んでいるが、投資分野だけでなく保険でもこの概念がもっと使えるのではないか。公的機関が損害の一部を補償することによって、保険会社が保険の提供がしやすくなるような仕組みをアジアで普及させられれば、アジアの保険市場が格段に広がってプロテクション・ギャップが是正されると思う。

国際保険資本基準と各国の資本基準の整合性

——最後に、国際保険資本基準（ＩＣＳ）と各国の資本基準の整合性を持たせる問題についてうかがいたい。ＩＡＩＳは国際的に活動する保険会社に適用されるリスクベースの資本基準である国際保険資本基準の開発に取り組んでおり、２０１７年末にVersion1.0、２０１９年末にVersion2.0を完成させ、２０２５年から各国へ適用するための準備を進めている（第7章参照）。

しかし、アメリカとヨーロッパは自分たちの制度を国際保険資本基準に合わせることにあまり積極的ではないように見受けられる。国際保険資本基準が本当にグローバルなスタンダードとなるためには、日本がリードすることで世界の歩み寄りを促すことが必要だと思う。

国際保険資本基準が保険の資本基準のグローバルスタンダードとして導入されることは決定

されており、各国はその最終化を経て、自国の制度に落とし込む必要がある。その過程ではフラグメンテーション（分断化）を防ぐことが重要だ。

ヨーロッパは、域内の制度（ソルベンシーⅡ）との擦り合わせも意識しつつ、国際保険資本基準の具体化の議論に参加していると思う。他方で、分断化を防ぐという観点からは、アメリカの制度と国際保険資本基準の整合性をどのように確保していくかが重要であり、ＩＡＩＳにおいては、（国際基準である）国際保険資本基準とアメリカが開発している合算手法（Aggregation method）が比較可能な結果をもたらすかどうかを評価することになる。

いずれにせよ、各国における導入の際には、（今後仮に比較可能性が認められた場合に合算手法がアメリカの国内規制として制度化される場合も含め）制度全体の評価として、国際保険資本基準に沿った対応といえることが必要である。どの国も国際基準と整合性のある資本規制の構築を目指すことには合意しているので、皆でその目標に向け、結果を出していきたい。

――日本は有識者会議の議論等を踏まえ、国際保険資本基準をベースとした資本規制の２０２５年度末からの導入に向けて着実に準備を進めている。その点では、国際保険資本基準の実施に向けて国際的にも議論をリードできる立場にあるのではないだろうか。

日本は、国際保険資本基準をベースとした国内規制の導入にコミットしており、アメリカ・ヨーロッパ等の他国・地域に対しても、レベルプレイングフィールド（公正な競争条件）を意識しつつ、国際的に整合的な資本規制の導入を訴えていきやすい立場にあり、議論に積極的に参画していきたい。また、国内導入に関しては、保険会社のビジネスモデルやリスクの取り方、資産運用のあり方、市場へのインパクトなどもみつつ、予定通りの導入に向け、保険会社とも丁寧に対話しつつ、しっかりと準備を進めていく。

Ⅲ

単一の国際保険資本基準の実現に向けて、より緊密な連携を期待

IAIS事務局長
ジョナサン・ディクソン（Jonathan Dixon）氏

University of Cape Town卒業（経済専攻）、The London School of Economics, UK、大学院卒業（経済専攻）。1998年南アフリカ財務省入省金融部門政策統括官（Chief Director, Financial Sector Policy, National Treasury of South Africa）。2008年から南アフリカ金融サービス理事会副長官（Deputy Executive Officer, Financial Services Board）。2017年より現職。

グローバルスタンダードを持つ利点

――河合（筆者）　2025年から国際保険資本基準の適用がついに開始される。しかし、各国の足並みが揃っているようにはみえない。中・長期的なビジョンを教えてほしい。

ジョナサン　IAISは、共通の指標となる単一の国際保険資本基準を究極目標に掲げている。2025年以降は国際保険資本基準の実施により、国際的に活動する保険グループにおいて国際保険資本基準という共通言語が幅広く適用されることとなる。

当初は、その実施の形が地域によって多少異なってみえるかもしれないが、日本が進めているものは国際保険資本基準の標準に非常に近いものだ。また、ヨーロッパではソルベンシーⅡ（EUで2016年から施行された、保険会社の健全性維持のための総合的な規制）があり、イギリスは独自のフレームワークを開発しているが、これも国際保険資本基準に非常に近いものになるだろう。一方、アメリカでは、国際保険資本基準と同等の結果をもたらすことを目指す「合算手法」が開発されている。

今後、監督当局と世界の保険グループの双方が国際保険資本基準に慣れ親しみ、グローバルスタンダードを持つことの利点を理解するにつれ、保険当局者の間でより緊密な連携に向けた動きが加速するだろう。国際会計基準分野における展開も、この収束を後押しするかもしれない。

――確かに、ソルベンシー（保険会社が「通常の予測を超えるリスク」に対して、どの程度自己資本・準備金などの支払余力を有するかを示す健全性の指標）の共通言語となる国際保険資本基準策定の活動が開始されたのが2013年であり、この10年で格段の進歩をしている。これまでを振り返って将来を見通すと、中期的には単一の国際保険資本基準が実現できる道筋がはっきりとみえてくる。

プロテクション・ギャップの解消と保険監督者の役割

――IAISは近年、持続的な成長（サステナビリティ）分野への貢献が目を引く。この分野で特に気になるのが、災害が増え保険が必要な時代であるにもかかわらず、保険がなかなか普及しないというプロテクション・ギャップの問題だ。IAISの考えを聞きたい。

保険監督当局は、プロテクション・ギャップの解消に向け、積極的な役割を果たす必要があるという認識を共有している。現在、監督当局の様々な役割について検討しており、その一環として、保険会社がプロテクション・ギャップを埋める努力をするうえで、意図しない規制上の障壁がないかどうかを確認している。さらに、「気候リスクの緩和と適応」という観点で保険セクターの役割を強化するために、監督当局ができることを検討している。

――保険監督者の使命は保険契約者の保護であるが、プロテクション・ギャップの是正にあたっては、保険契約者でない消費者へ目を向けなければいけない。保険契約者ではない消費者について、保険監督者はどう考えたらよいだろうか。

既存の保険契約者を保護するだけが保険監督者の使命とは限らない。保険によって多様なリスクから保護される可能性がありながら、保護されていない潜在的な保険契約者は多数存在する。監督上の焦点は従来、既存の保険契約者の保護に置かれてきたが、金融包摂の観点等から、現在は潜在的な保険契約者にも監督者の注意は向けられている。

既存の保険契約者を適切に保護する一方で、より多くの個人や企業が保険契約者となるよう規制や監督が役割を果たせば、保険市場がより幅広く、より多様になり、それは金融の安定にもつながる。リスクの分散が進めば、保険セクターはより強く、より健全になる。また、過去に十分なサービスを受けられなかったり排除されたりした社会的弱者を含む、より広範な人々へも貢献するという意味で、消費者保護にも寄与する。

――プロテクション・ギャップの是正は、金融の安定や消費者保護といった金融規制の核心へつながる、規制当局の重要な役割であるというのは非常に強いメッセージだ。こうしたＩＡＩＳの活動は今後も継続するつもりなのか。

自然災害によるプロテクション・ギャップの解消に向けた保険監督者の役割については、2023年11月に報告書を発表する。その後は、OECD（経済協力開発機構）などのパートナーとの緊密な連携を取って、その報告書の内容を実施に移すような具体的なフォローアップができればと思っている。

コミュニケーションで多様性を活かす

――IAIS事務局長としてIAISの運営を担う喜びとやりがいについて教えてほしい。

IAIS事務局長としての喜びは、チームのメンバーと一緒に仕事ができることだ。国際通貨基金（IMF）や世界銀行のような大組織ではないので、すべての事務局職員をよく知ることができる。様々な国籍の多様な仲間と力を合わせ、共通の目標に向かってお互い努力できることは何にも増して嬉しい。職員の多様性を活かして素晴らしいものを一緒に実現していくことが、仕事の面白さにつながっている。

事務局長に就いてから、事務局員のために、前向きな文化、チームワークの文化を強化し続けるために懸命に努力してきた。職員は皆が協力し合い、自ら考え率先して仕事を進め、それを楽しんでいる。それが成果につながっているのだと思う。

――ＩＡＩＳの会議に出席すると、事務局員がお互いに助け合って運営していて、全体がとてもよい雰囲気になっているのが直に感じられる。

私は、事務局長時代、２０１４年に事務局員の多くから受けた３６０度評価のことを今でも鮮明に覚えている。高い目標ばかり追いかけて、事務局員に対する関心や配慮が全くないと痛烈なフィードバックを受け、その時はとても落ち込んだ。ただ、そのおかげで自分自身が変革し、事務局全体の雰囲気が格段によくなった（第5章参照）。

ジョナサン、あなたの場合、何かの困難に直面して、そこから何かを学んだような経験はあるか。

リーダーシップの9割は、コミュニケーションだと思う。職員一人ひとりと個人的にいつもコミュニケーションを取ることは不可能とはいえ、常に意識はしている。社内のミーティングなどの仕組みに加えて、色々な場でできる限り職員一人ひとりと意思疎通をし、様子をみるようにしている。

そして、私が学んだ教訓は、強力な経営陣を構築し維持することの重要性だ。専門知識が豊富なだけでなく、一緒に働く職員を大切にし、その成長を支える経営陣でないと、皆が活き活きと仕事ができない。そのような体制をつくるためには、時には難しい決定をすることも必要となる。

IAIS事務局長として成し遂げたい3つのこと

――最後に、まだ先の話だが、事務局長を退任する際に何をレガシーとして遺したいか。

3つのことを成し遂げてIAISを去りたい。

1つ目は、グローバルな規制改革の実現だ。具体的には、2022年末にIAISが合意し、FSB（金融安定理事会）もその方針を承認したマクロプルーデンス改革は個々の金融機関に注目するのではなく、全体を捉えて規制をしていく仕組みであり、これは達成の道筋がみえてきた。そして、規制改革の柱である国際保険資本基準を2025年から実施する。

2つ目は、IAISの双璧をなす特徴、すなわち①IAISのメンバーの持つ多様性の恩恵を最大限に享受できるために、様々な国々すべての参加者を包摂して活動を支えていくこと、②FSB等と協力し、確固とした国際基準設定主体として金融安定へ貢献をしていくこと、についての活動を持続していきたい。

そして最後の3つ目は、私が事務局長を始めた時よりもさらに強い事務局にして去りたいということ。Yoshi（注：筆者）、あなたはゼロから素晴らしい事務局をつくりあげてくれた。その強固な土台をもとに、効率性や有効性、透明性だけでなく、文化的な側面も一層強化して、どの国際機関にも負けない卓越した事務局へと成長させて後任に引き継ぎたい。

終わりに

❖「未知の自分」を見つける

筆者はもともと国際機関や国際基準とは全く縁のない世界に住んでいた。しかし国際機関で国際基準策定に関わり始めて、はじめて自分の知らない自分が存在することに気が付いた。

卓越した能力もなく、英語も不得手で地域営業をしていた筆者に国際基準づくりなんてできるとは思ってもみなかった。しかし、IAIS（保険監督者国際機構）との出会いがすべてを変えた。振り返ってみると、いくつかの偶然の出会いが人生を織りなし、自分のどうしても実現したいことがみえ、その思いや情熱が確固たるものとなると、客観的にみれば到底できないと思えることが、必然であるかのように実現した。

仕事に熱中し、夢中になって目の前のことをひたすらやっていると、常識を超える。仕事の枠を超え、自分を超え、自分の知らない自分がみえてくる。

自己分析のための心理学モデルである「ジョハリの窓」では、「自分も他人も知っている自己」「自分は知っているが、他人は知らない自己」「自分は知らない（気付いていない）が、他人

▼ジョハリの窓

	自分は知っている	自分は知らない
他人は知っている	**解放の窓** 自分も他人も知っている自己	**盲点の窓** 自分は知らないが、他人は知っている自己
他人は知らない	**秘密の窓** 自分は知っているが、他人は知らない自己	**未知の窓** 自分も他人も知らない自己

は知っている自己」に加えて、**「自分も他人も知らない（みえない）自己」**も自分の一部だと分析する。

その未知の自分は、**自分が心から熱中できることにひたすら打ち込み続けていると現れてくるものなのだと思う。**自分の可能性や能力を最初から決めつけてしまうのではなく、一見困難なことでも思い切って飛び込む。そして、飛び込んだ先で実現に向けて突き進むことで、挑戦する前には想像できなかった「未知の自分」に出会える。100パーセント以上の力が出せる自分を発見する。そのような自分との「出会い」により、より高い目標を目指すことができるのだ。

❖ 同志と心でつながり、共に成し遂げる

我々が存在しているのは、我々の周囲の人たちのおかげである。**我々は様々な人々との交流を通じて、考え、行動し、成長する**。サッカーや野球のような集団スポーツがこの典型であろう。同じチームの仲間がいて、対戦相手がいるからこそ、それぞれの選手は情熱を持ち輝く。国際機関での活動でも全く同じである。第3章でＩＡＩＳの成立過程をみた際も同志の重要性を強調したが、その大切な過程のすべてに同志がいた。志を共にする仲間がいた。この同志と一緒に考え、自分の思いが同志の思いとつながることにより、情熱となり、力となり、不可能なことが可能になる。何日間議論し続けても疲れない。さらにもっと議論したくなる。思いもつかなかった独創的な考えが湧いてくる。その集約として、新しい価値あるものが生み出されてきた。保険監督原則（ＩＣＰ）の確立、組織改革、国際保険資本基準（ＩＣＳ）の基礎確立。どれも、周りから到底できないといわれていたことばかりだが、素晴らしい同志たちのおかげで実現することができた。

この時に重要なのは、情熱を込めて自分の思いを簡潔に伝え、相手の思いを五感を使って純粋に無心で聴き、お互いが論理や思考で理解し信頼し合うだけでなく、感情や直感で理解し合うこ

▼氷山の一角

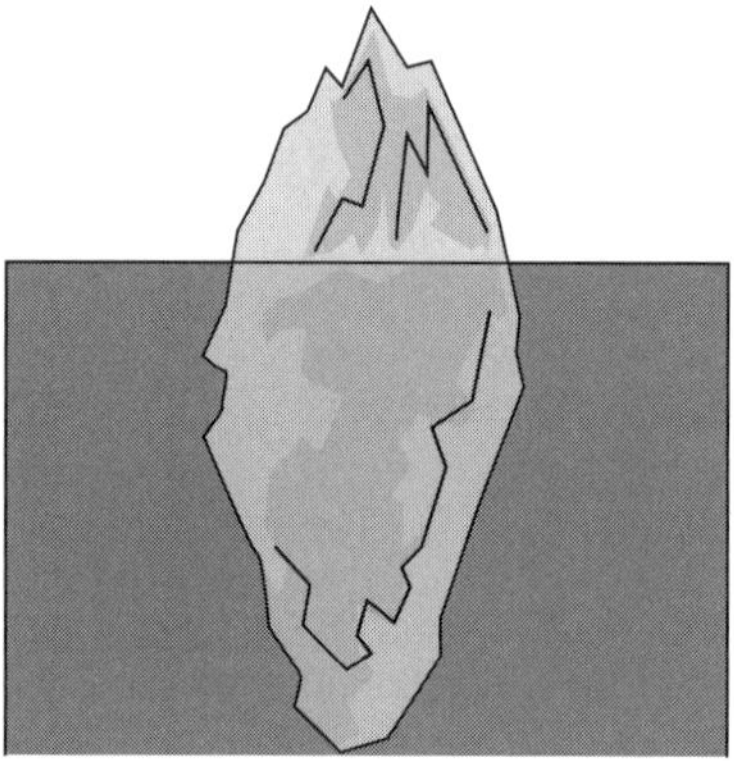

とだ。そうすると心までつながって、その信頼関係が熱になり、力になる。これが事を為す原点である。

前述した「「未知の自分」を見つける」にも通じることだが、**我々は自分自身のことをよく知らない。そして、他人のこともよく知らず、自分と他人がつながった時に何が実現できるかも知らない。**

人を氷山にたとえると、水面上にみえる「氷山の一角」しかみていない。人の全体は表面上みえる部分よりはるかに大きいのであるが、我々はそれに気が付いていない。最低限の意思疎通をしているだけでは、相手の氷山の水面下の部分がみえてこない。それでも一応最低限のことはできるのだが、最低限のことしかできない。もし、自分も相手もお互い情熱を持ってつながると、情熱が情熱を呼び、相互に化学反応が起こり、爆発的な力になる。氷山のみえない部分が姿を現し、不可能なことが可能になる。

ライバルや、自分に対し厳しいことをいう相手も、かけがえのない、貴重な同志だ。筆者の場合、事務局長選挙の時に、強力な対立候補が存在したおかげで、筆者の何が組織に貢献できるか明確になり、面接で考えられないほどの力が発揮でき、選出後には事務局長として皆から認められ、自覚もできた。**厳しいフィードバックをくれる相手もかけがえのない同志である。**彼ら彼女らのおかげで自分の欠点が痛いほどわかり、それを改めようと成長し、自分が知らない自分の能力が開花する。

「早く行きたければ1人で進め。遠くまで行きたければ皆で進め」という言葉がある。同志とはまさしく、1人ではとても成し得ない大きな夢を共に実現させる、なくてはならない存在なのだ。そして、同志と心でつながることにより思いもよらない高みにまで到達することができる。

❖可能性の開花

28年間ヨーロッパに暮らし、帰国してみた日本。日本は素晴らしい。秩序があり、安全で、安心。豊かな文化や伝統。多様な自然と人情、そして礼儀正しさ。こんな国が自分の祖国であることは誇りである。

しかし、同時に、何かが足りない。整っているが勢いがない。整然と進むが、湧き上がるようなエネルギーがない、とも感じるのである。過去の自分を含め多くの日本人は、自分自身の人生の大半を占める職業人生の歩み方、キャリアパスに受け身である。本当に自分のやりたいことを求めているのか。自分のやりたいことをやっているか。挑戦しているか――。

日本では自己のキャリア形成を所属する組織に委ねることが多く、多くの人は自分のやりたいことを自分で求め、それを実行する姿勢に乏しい。大組織に所属する人はその傾向が特に強い。自分のキャリアを自分で決めたことのなかった筆者は、国際機関で勤務を始め大いに戸惑った。国際機関では自分で自分のキャリアを形成する気でいなければ、一生同じことをするか、そのうち首になるかのどちらかだと気付かされたからだ。

国際機関に長年身を置いてよくわかったのは、**まず自分自身を知り、自分のやりたいことを自分で見つけ、それを全力で続けることからキャリア形成が始まる**ということである。仕事は与えられるものではなく、自ら求めていくものである。まずは個々人が**「自分のキャリアは自分でつくっていく」「自分の人生は自分が決める」**ということをはっきり自覚することが肝要だ。当然すぎることなのだが、この当然のことがなかなかできない。しかしこれこそが自分にとっての活き活きとした自然な生き方であり、さらにいえば、組織が輝き、ひいては日本が世界で輝く原点なのである。

自分のどうしても為したいものを追求することが、個々人の潜在能力が開花する原点である。組織はそのような個々人の情熱が向かっているものが実現できるように、体制を整備するべきである。多くの組織（民間、官公庁を問わず）では、従来「キャリアは組織のなかで築いていくもの」との前提で、異なった部門で様々な経験を積ませるという人事制度をとってきた。しかしこのような体制では、個々人が為したい分野を見つけ、それを続けるということが難しい。また、往々にして、個人が自分自身の可能性を自ら発見し、それを実現する機会が閉ざされてしまっている。それは、**個人にとっても組織にとっても日本全体にとっても大きな損失**である。

近年、日本では学び直しやリスキリングの重要性が指摘され、政府や企業も力を入れるようになった。そして、日本の組織も変わってきている。政府機関や民間企業の人事責任者と話すと、自分を知り、自分のやりたいことに全力で挑戦する人財を求めるようになっていることに気がつく。特に成長を持続し、多様性を力に変え、変革を求めている組織の意識が変わってきている。日本が、日本企業が、そして日本人がこれから活力を持って成長していくためには、様々な分野で、多様な文化を持つ人々と協力しながら、一人ひとりが自分の実現したい分野を見つけ、リーダーシップを発揮していくことだ。組織はそれを可能とするような人事体制（たとえばジョブ型のキャリア形成の導入、年功序列にとらわれない若い段階でのリーダーシップの経験等）を構築すべきであり、その動きは確実に起こってきている。

我々自身も、どうしてもやりたいことを見つけることを諦めてはいけない。毎日の生活、仕事をしていると、多くのことがルーティーンとなる。しかし日々のルーティーンのなかでふと自分の興味を引くことに出会うことがある。その出会いを大切にして深めてみる。無理する必要はなく、焦る必要もなく、興味があればそれを深めるだけでよい。どうしてもやりたいことまで辿り着かないかもしれないが、探し続けることが大切だ。それが自分の仕事と直接結びつくかはわからないが探し続ける。自分がどうしてもしたいことを、見つかるまで探し続けるのだ。というのも、自分が本当にしたいことがなければ挑戦は始まらないし、事を為すことはできないからである。

個々人が自分の本当に実現したいこと、心躍る価値や目的を見出し挑戦し続ける。その心を伝える。そうすると仲間や同志が現れる。心をつなげ、共同してその目的や価値を実現しようと活動していくと、皆の心が共鳴し、新たな意欲や発想が湧いてくる。不可能だといわれることが可能になる。

筆者は2018年春に日本へ帰国後、どうしてもやりたいことを探し続け、ようやく見えてきた。次世代が未知の可能性を開花するのを助けることが筆者が貢献できる役割であると気づき、東京大学公共政策大学院で国際組織でリーダーシップを発揮するための授業を行うのに加え、世界銀行やＧＡＦＡで人財育成を担当してきた実務家や国際交渉・仲裁の専門家と協力して国際的に活躍する人財を養成する組織「International Management Forum」を設立した。金融庁や企業の若手・幹部に、国際的な環境のなかで個人としてリーダーシップを発揮し、組織として輝くことをサポートするために、研修、ワークショップやコーチングをここ数年間実施してきている。

そして、さらにもう1つ実現したい夢がある。大災害の増加等で経済の損失は増えているにもかかわらず保険の補償は伸びていない。そのギャップが増大する「プロテクション・ギャップ」を是正することは、保険関係者のみならず、社会が解決すべき最重要な課題の1つだ。筆者が議長または会長として関わるＯＥＣＤ（経済協力開発機構）保険・私的年金委員会、ＳＥＡＤＲＩＦ（東南アジア災害リスク保険機構）、Global Asia Insurance Partnership（ＧＡＩＰ）等の場を活用し、国内外の官民学の同志が集まり、保険の機能を活かし、この問題を解決するような体制が世界的に構築されれば、大災害に際しても抵抗力のある世の中になる。その大きな流れをこれからつくっていきたい。

本書は、国際的に活躍したいと思っている人（あるいは現在活躍している人）、リーダーシップや多様性、保険の国際協調といった領域に関心がある人たちに、筆者の経験や学びを伝えることができれば、と思い執筆に至った。本書を手に取ってくださった読者にとって何らかの参考になったのであれば、筆者としてはこれに勝る喜びはない。

本書で述べているように、すべてが出会いとご縁から始まった。ご多忙中、対談に快く応じてくださった、有泉秀氏、小宮暁氏、ジョナサン・ディクソン（Jonathan Dixon）氏、第2章で触れたとおり、心の拠りどころとなったクヌット・ホーフェルド（Knut Hohlfeld）氏、人生の転換となる出会いをくださった川本裕子氏、松原亘子氏、本間勝氏、数年間バーゼルのBISで一緒に過ごし本書を執筆するよう励まし促してくださった氷見野良三氏（第4章参照）、また、筆者の原稿にコメントや励ましをしてくださった太田浩氏（第一生命保険）、秀島弘高氏（農林中央金庫）、浜野隆氏（日本銀行）、河﨑邦文氏（三井住友海上火災保険）、栗田亮氏（金融庁）、坪井克樹氏（第一ライフ・インターナショナル（ヨーロッパ））、大村榛菜氏（在ルクセンブルグ日本大使館）、この本に関し最初から最後まで伴走し出版まで導いてくださった江口珠里亜氏（金融財政事情研究会）、世界へ翔ばせてくれた河合江理子、名前をあげきれないが出会いとご縁をくださった皆さまに心より感謝、お礼を申し上げる。

《著者略歴》

河合　美宏（かわい　よしひろ）

1998年に150カ国からなる3万名の会員を有する国際機関IAIS（保険監督者国際機構）の設立に参画し、20年にわたり保険の国際規制基準づくりを統率。同時期にFSB（金融安定理事会）委員として銀行、証券等の金融国際規制策定にも従事。

東京大学卒業、フランスにて欧州経営大学院（INSEAD）経営学修士号、ロンドンにてCity University博士号を取得。

現在、京都大学経営管理大学院、東京大学公共政策大学院にて教授として国際経営と国際金融規制の教鞭をとる。また2018年に国際社会で活躍するリーダーを育成するためにInternational Management Forum（IMF）を創立。2019年より金融庁参与、OECD（経済協力開発機構）保険・私的年金委員会議長。

2021年よりシンガポールを拠点とするアジア諸国の保険普及を目指す国際機関Global Asia Insurance Partnership（GAIP）をアジアの産官学と協力して創設しその会長に就任。2023年よりASEAN諸国と日本、中国、韓国の政府が協力しASEAN諸国のプロテクション・ギャップを是正するために設立された国際機関SEADRIF（Southeast Asia Disaster Risk Insurance Facility：東南アジア災害リスク保険機構）会長に就任。

心を伝える
——保険の地域営業から国際機関の事務局長へ駆け上がったリーダーシップ

2023年11月10日　第1刷発行

著　者　河　合　美　宏
発行者　加　藤　一　浩

〒160-8519　東京都新宿区南元町19
発　行　所　**一般社団法人 金融財政事情研究会**
出　版　部　TEL 03(3355)2251　FAX 03(3357)7416
販売受付　TEL 03(3358)2891　FAX 03(3358)0037
URL https://www.kinzai.jp/

校正：株式会社友人社／印刷：三松堂株式会社

ISBN978-4-322-14369-0